誰も言わない ねずさんの 世界一誇れる国 日本

小名木善行 著

青林堂

はじめに

相撲と女人禁制のお話

先般、土俵で倒れた市長の救命のために看護師の女性が土俵に上がり、その後に塩でお清めが行われたことが話題になりました。緊急時の救命活動と伝統とどっちが大事なのかといった世論誘導ともとれる報道がありましたが、ではなぜ土俵は女人禁制《にょにんきんせい》なのでしょうか。

神武創業より古い相撲の歴史

我が国と相撲《すもう》の歴史は、古くは『古事記』の葦原中国《あしはらのなかつくに》平定の神語《かむかたい》にまでさかのぼります。建御雷神《たけみかつちのかみ》に出雲の建御名方神《たけみなかたのかみ》が、

「然欲為力競（ちからくらべをなすことをほっする）」

と言って、建御雷神の腕をとって投げようとしたという神事が相撲の最初といわれています。このあと建御名方神が諏訪にお鎮《しず》まりになられて、諏訪大社の御祭神となられました。

それが何百年前のことなのか、いまではまったくわかりませんが、すくなくとも初代天皇であられる神武《じんむ》天皇が即位されたよりも古い、神様の時代の出来事です。

人間界における相撲の始祖とされているのは、野見宿禰《のみのすくね》と當麻蹴速《とうまのけはや》です。この試合は紀元前二十三年、垂仁《すいにん》天皇の時代にあったとされています。野見宿禰は、天穂日命《あめのほひのみこと》の十四世の子孫と伝えられる出雲国の勇士です。このことは日本書紀に詳しく書かれていますので、現代語に訳してみます。

第十一代垂仁《すいにん》天皇が即位して七年経った七月七日のこと、天皇の近習《きんじゅ》が、

「當麻邑《とうまむら》に當摩蹶速《とうまのけはや》という名のおそろしく勇敢な人がいて、力が強く、日頃から周囲の人に国中を探しても我が力に比べる者はいない。どこかに強力者《ちからこわきもの》がいたら、死生を問わずに全力で争力《ちからくらべ》をしたいものだ」と言っていると述べました。

天皇はこれを聞くと、

「朕《ちん》も聞いている。當摩蹶速《とうまのけはや》は天下の力士という。果たしてこの人に並ぶ力士はいるだろうか」と群卿《ぐんけい》に問われました。

ひとりの臣が答えました。

「聞けば出雲国に野見宿禰《のみのすくね》という勇士がいるそうです。この者を試しに召《め》して蹶速《けはや》と当

たらせてみたらいかがでしょう」

そこで倭直《やまとのあたい》の先祖の長尾市《ながおち》を遣《つか》わして、野見宿禰を呼び寄せました。即日、両者は相対して立ち、それぞれが足を上げて相い踏《あふ》み、激突して野見宿禰が當摩蹶速の肋骨《ろっこつ》を踏み折りました。またその腰骨を踏み折って殺しました。

勝者となった野見宿禰には大和国の當麻の地（現奈良県葛城市當麻）を与えました。野見宿禰は、その土地に留《とど》まって朝廷に仕《つか》えました。

（中略）

垂仁天皇の皇后であられた日葉酢媛命《ひばすひめのみこと》が崩御《ほうぎょ》されたとき、殉死《じゅんし》に代えて人の形をした土器を埋めることを提案したのも野見宿禰です。これがみなさまもよくご存知の埴輪《はにわ》の由来です。


というわけで、相撲は埴輪《はにわ》の由来《ゆらい》にもなっていたのですね。

文中に七月七日という記述がありましたが、つい最近までは毎年田植えが終わった七月に、全国の神社で、町や村の青年たちによる奉納神前相撲が行われていました。地方に行くといまでも続けているところがあるようです。これはそもそもが野見宿禰の試合に依拠《いきょ》するもので、田植えのあとに、神官がまず土俵を塩で清め、その土俵に村の力自慢の力士たちが上がって四股《しこ》を踏みました。

塩をまくのは、「清めの塩」で「土俵の上」の邪気を祓《はら》い清めて怪我のないように安全を祈るためのものです。

力士たちが四股《しこ》を踏むのは、四股がもともとは「醜《しこ》」で、地中の邪気を意味します。清められた土俵の上に力士たちが上がり、そこで地中の「醜」を踏みつけて「地中の」邪気を祓うのです。そうすることで、植えた苗がすくすくと育つようにと願うのです。

女人禁制の意味

土俵が女人禁制とされるのは、これは「仙人が性欲を起こすと神通力《じんつうりき》を失う」とされたことと同じです。力士は「地中の邪気を祓う」という重大な任務をもって、神通力を発揮しなければならないのです。色気を出して肝心の神通力を失ってしまったら、せっかく醜《しこ》を踏む行事がだいなしです。

さて、「土俵が女人禁制」であるということについて、「女性蔑視《べっし》だ」とか「女神がヤキモチを焼く」とか騒ぎ立てるのは、全然意味が違うし日本人的な考え方でさえありません。

China や Korea では大地は女神とされています。同様の考え方をする国は世界には多いです。大地が植物を生み育《はぐく》み、人々はそれを食して生きるから、恵みを与えてくれる大地＝女神です。そして女神だと、女性の嫉妬《しっと》は怖いから山と同性である女性を山に入れたら女神がヤキモチを焼くとされてきたのです。

日本の場合は、まったく事情が異なります。

日本は一万七千年前にはじまる縄文時代から、ずっと営みが続いてきているという世界的に見ても稀有《けう》な国です。ひとくちに一万七千年前といいますが、西暦がはじまってからでさえまだ二千年少々です。途方《とほう》もない歳月です。その途方もない歳月、日本人はずっと文化を継承してきています。

なかでも長く続いた縄文時代の生活は、いまでは考古学的にかなり明らかにされてきています。人々はムラを営んで共同生活をし、ムラの周囲から食物を得ていました。

男たちは、山に猟に海に漁に出ます。男の子も猟や漁に出られるようになったら一人前です。猟や漁に出られないお年寄りや子供たちは、山で薪拾《たきぎ》いをします。

女たちも、もちろん仕事があります。山にワラビやゼンマイなどの山菜や、キノコや、クリやシイなどの木の実を採りに山に入ったり、海岸に出て貝や海藻を拾ったりしました。

体の弱った老女や、幼い子供と、その幼子を抱える女性たちは、山や海に出かけることができませんから、ムラで炊事や洗濯をしたり、生活用品を作ったりしました。

つまり、高齢の老女や幼児を抱えた女性たち以外の女性たちは、山に入ったり海岸に出て食べ物を得るという生活が、万年の単位で我が国では継続してきたのです。

そのような生活をしながら山を女人禁制にする？

ありえないことです。

このように申し上げると「吉野の山のように、女人禁制の山があるではないか」と言われそうです。実際、修行僧や修験者が山で修行する際の山は、女人禁制です。

しかしこれは意味が全然違います。修行僧や修験者は、神通力を得るために厳しい修行をしているのです。さきほど述べましたように、そこに女性を入れては修行にならない、「仙人が性欲を起こすと神通力を失う」とされたことと同じです。

もっというなら、昔は女相撲というものもありました。この場合は、行司《ぎょうじ》以外は、土俵上は男子禁制です。あたりまえです。土地のシコ（醜）を退治するための女力士が、イケメン男子を気にしていたら四股《しこ》を踏む神通力が失われるからです。

山で狩りをして暮らすマタギたちも、決して山に女たちを入れませんでした。だから山の神は女性神なのだという人もいますが、これまたちょっと違います。

我が国における山の神といえば大山祇神（おほやまつみのかみ、大山津見神とも書く）です。れっきとした男性神です。

ではマタギたちがどうして山を女人禁制にしたのか。マタギたちによっては、女性を入れないために山に入る前に男根をみなで一斉に露出するという風俗もあったそうです。要するに女性たちに「来るな」と言っているのです。なぜなら山には危険がいっぱいだからです。大事な子を生み育てる女性が怪我でもしたら取り返しがつきません。

しかしそのマタギのムラにしても、ムラの周囲の野山には女性たちは入ります。なぜなら山菜やキノコ採りは女性たちの仕事だからです。

つまり女人禁制であることは、修行のさまたげを防いだり、山で大事な女性が怪我などをしないようにしているという、きわめて合理的な思考に基づくことであって、China や Korea のように「山が女神だから」とか「女神がヤキモチを焼く」などといったアニミズムとは、まったく系統の異なることなのです。ですからそのような言い方をしている人は、日本の伝統文化を解しないか知らないか、日本に住みながら半島や大陸の伝統に従って生きている人たちということになります。みっともないから、日本人ならそのような手合《てあい》には乗らないことです。

土俵が子宮だから清めるのだなどという人もいるようですが、それも後講釈というべきものです。なぜなら、そもそもなぜ土俵が子宮なのかの合理的説明がつきません。

相撲は「神事」

さて今回の土俵事件では、倒れた市長さんを助けるために、女性の看護師さんたちが土俵に上がりました。そして一定の初期手当が施《ほどこ》されている状況で、「女性の方は土俵から降りてください」とアナウンスがなされました。そして倒れた市長が運び出されたあと、土俵には塩がまかれました。

まず、全国の各市町村が相撲興行を呼ぶという習慣は、古い昔からの我が国の慣習です。土地の邪気を祓い五穀豊穣を祈るために、より力の強い高名な力士に土地の四股（醜）を踏んでもらうという神事です。レクリエーションではないのです。だから土地を代表する人が挨拶《あいさつ》に立ちました。

ですから市町村長の挨拶は、相撲興行がはじまる前に行われます。その挨拶のあとに、一段高くなった土俵を塩で清め、その上から力士たちが地中の四股（醜）を踏んで土地の邪気を祓います。そのあとは、お楽しみの相撲興行がはじまります。

その土俵で市長が挨拶中に倒れました。このときに緊急処置を行うのは当然のことです。男であるとか女であるとか、一切関係ないことです。市長への緊急処置が終われば、当然、女性の方には土俵を降りていただき、力士の神通力を確保するために、大量の塩をまいて土俵を清めることになります。

塩をまくのは、「清めの塩」で「土俵の上」の邪気を祓《はら》い清めて怪我のないように安全を祈るためのものです。

そのうえで、力士たちが四股《しこ》（醜）を踏みます。力士たちはそもそものために、土地に呼ばれて来ているのです。そのためにも土俵は塩で清められなければなりません。

したがって、相撲協会のアナウンスも、塩をまいたことも、普通の日本人の常識に照らせば、何の問題もないことです。

どこぞの女性市長が、土俵上の挨拶が断られたとして、「女性という理由で土俵の上で挨拶ができないのは悔しい。変えるべきは変える勇気が大事」と土俵際に用意された台の上で述べられたそうですが、勉強不足もはなはだしいことです。大相撲を、神事でなく、レクリエーション興行と勘違いしています。ただ批判したり、変えろと声高《こわだか》に叫ぶのではなく、伝統文化にはちゃんとそうした伝統が生まれた背景と理由があるのです。市長ともあろう方なら、そうしたことをしっかりと勉強したうえで、発言をしてもらいたいものです。

竹のように真っ直ぐにする

さて昨今《さっこん》、相撲界は様々な出来事が連続して起きています。相撲は神事であるだけでなく、武技のひとつでもあることは、ご理解いただけようかと思います。その武のことを、古い大和言葉では「たける」と言いました。わかりやすいのがヤマトタケルで、漢字では日本武尊と書きます。

「たける」というのは、「竹のように真っ直ぐにする」ことをいいます。ですから日本における武は、強さを誇るものではなく、どこまでも歪《ゆが》みや斜めになったものを真っ直ぐに立て直すために用いるものとされてきました。

たとえば軍隊にしてもそうで、日本の軍隊は古来、歪《ゆが》みを正し、物事を正道に戻すためのものとされてきたのです。諸外国の軍や武が、王や貴族の利権保持のために用いられてきたことと、この点が大きく異なるところです。いまの自衛隊が、被災地等で立派に活躍するのも、それは単に命令されたからではなくて、災害という歪みの中にあって、すこしでも真っ直ぐにすることに役立とうとする隊員ひとりひとりの強い自覚があるからといえます。

相撲も地中の醜《しこ》を踏みつけ、土地を健全な「たける」土地にするために行うものです。だから相撲は神事なのです。

先日、東京の某八幡宮で宮司《ぐうじ》さんの刃傷沙汰《にんじょうざた》がありました。八幡さまというのは武神です。つまり歪みを正して、真っ直ぐにする神様です。その八幡さまをお祀《まつ》りした神社がお金に走れば、八幡さまは当然、歪みを正すという動きをなさいます。

同様に、昨今の相撲界の一連の混乱も、相撲界にあるなんらかの大きな歪み（何とは申しませんが）を神々が正そうとしている、真っ直ぐに「たける」を実施しようとされているのかもしれません。相撲は神事です。それがただの勝ち負けの興行に陥《おちい》るなら、それを正そうとする見えない力が働いたとしてもおかしくはないことです。

今回の市長が土俵上で倒れるという事件も、八幡宮の事件同様、通常ではありえない事件です。そのようなことが起きるということは、いまいちど、相撲というもの、土俵というものの、四股というものについて、女人禁制の意味から、しっかりと考え直して、真っ直ぐに正しなさい、という神様からのメッセージなのかもしれません。

歪みを竹のように真っ直ぐに正すのが日本の武なのです。その武の代表格である国技の相撲に、歪みがあってはならないのです。

もくじ

第一章　日本を知ろう

筆順が日本人をアホにする

かつての日本人がとてつもなく優秀だった理由のひとつが漢字教育です。「それならいまの教育でも行われている」と思われることでしょう。ところが中身が全然違うのです。ひとつが象形性の認知、もうひとつが筆順です。

「必ず」の筆順

漢字の筆順といえば、上から書くとか左側から書くといったルールに基づいていると教わったご記憶があろうかと思います。筆順は結構テストに出る問題ですから、意外と厳しく教わるものです。ところがそのように教わることによって、実は戦後生まれの私たちは、漢字の持つ象形性を無理やり見えなく（わからなく）させられています。

たとえば「必」という字があります。現代では、筆順を左の図の順番に書くようにとしています。

◎必の書き順（一）

ところがこれでは、この字がいったい何を意味しているのかさっぱりわかりません。もともとこの字は音読みが「ヒツ」で、訓読みが「かならず」です。訓読みの「かならず」は、絶対にとか間違いなく心に刻《きざ》むという意味を持ちます。ですから戦前戦中までの教育では、この字は左図のように、まず「心」を書いてから、ビシッと斜めの線を袈裟《けさ》に引きました。実際にそのように書いてみたらわかりますが、なるほど「必」という字を書く都度《つど》に「心に刻む」という意志が生まれます。「必勝」なら「勝つ」と心に刻むから「必勝」なのです。

◎必の書き順（二）

要するに筆順は、実は漢字の持つ象形性をよりはっきりとさせるためのものでもあるのです。これを順番を入れ替えてバラバラにしてしまったら漢字の持つ意味がわからなくなります。

当用漢字

終戦後にやってきたGHQの人たちは、英語圏で暮らす人たちですから、日本語がまったくわからない。そこに共産主義に染まった作家の山本有三《やまもとゆうぞう》や土岐善麿《ときぜんまろ》らが、「日本語は漢字が多いために覚えるのが難しく、識字率が上がりにくいために民主化を遅らせている」、「日本では難解な漢字が濫用《らんよう》されており、これが軍国主義を形成した。よって漢字教育は軍国主義の復活につながる」などと、まったく意味不明としか言いようのない主張を繰り広げ（江戸時代の識字率はご存知の通り世界一でした）、結果として昭和二十一（一九四六）年十一月に指定されたのが「当用漢字」です。なぜ「当用」なのかというと、「漢字を廃止するまで当面用いるため」としたからです。

この頃の日本は、昭和《しょうわ》天皇の御意向を受けたマッカーサーによって日本に大規模な食料輸入が行われていました。その一方で日本解体のために「良い」とされることが片端《かたはし》から実行に移されていました。昭和二十三（一九四八）年にはジョン・ペルゼルが、日本語の表記をすべてローマ字に改めさせようともしています。しかしこれは頓挫《とんざ》しました。事前にGHQの指導によって当用漢字が定められていたからです。朝令暮改《ちょうれいぼかい》はさすがに拙《つたな》いだろうということになったのだそうです。その意味では当用漢字が、我が国の漢字仮名まじり文での日本語表記を維持したという効果があったことも認めなければならないかもしれません。しかし戦後ずっと当用漢字が用いられることによって、実は日本的精神文化が失われつつあるという深刻な事態を招いています。

新字と旧字

たとえば「礼」は、もともと「禮」と書きました。字を見たらわかりますが、「禮」は「示《しめす》へん」に「豊《ゆた》か」です。つまり相手にわかるようにはっきり豊かにお辞儀をしたり、お礼を述べたりするから「禮」なのです。ところが「礼」ではその意味がわかりません。しかしこれなどはまだ可愛《かわい》い方です。

はなはだしい影響を生んだのが「学」です。「学」は、もともと「學」と書きました。「學」は「へん」が複雑な形をしていて、「×」が「上下」に二段並んでいます。これが人の腕です。その両側に大人《おとな》がいます。大人も腕も複数です。校舎（建物）の中の子はひとりです。つまり複数の大人たちが、校舎内でひとりの子を一人前の立派な大人に育てることが「學」

という字です。つまり「學」は「大人が子供に教える」という字なのです。大人が能動、子が受動です。ところが「学」ですと、肝心の大人たちが書かれません。簡単に「ツ」と略されてしまっています。このため「学」では「子」が主体となって学ぶという意味になってしまいます。すると、大人になりたくない子供、ゲームで遊んでいたい子供に「学」ぶ理由がなくなります。だから学級崩壊になるのです。これは昨今《さっこん》の学校教育が抱《かか》える問題そのものです。

重ねて申し上げますが、「學」は大人が主体です。この場合子供の都合《つごう》は関係ありません。大人が子を一人前に育てるために行うことが「學」です。当用漢字では、それが主客転倒《しゅかくてんとう》してしまいます。

同様に「教」も昔は「敎」と書きました。この字は上にある「×」が大人で、その下に子がいます。つくりは右手で殴ることを意味するボクという音符です。つまり子の成長と子供たちの未来に責任を持つ大人が、立派な大人になるように子を殴りつけてでも成長させるのが「敎」という字です。これが「教」になると、老人が子を殴りつけるという字になってしまいます。子の未来に責任を負わない老人が、子を殴りつけて自己の利益を図《はか》っているという字形になってしまいます。まさに昨今の年金問題そのものです。「育」は「はぐくむ」という意味を持ちますが、「教育」と「教育」では、「はぐくむ」理由がまるで違ってしまいます。

使われる漢字が当用漢字と呼ばれる簡略化された字体になることによって、実は意味だけでなく、社会道徳や社会慣習にまで深い影響が生まれるのです。

筆順改悪

ところがそれだけでは不安だったのでしょう。今度は筆順にまで文句をつけはじめたのです。「學」を「学」と書き、「教育」を「教育」と書くという、いわば簡体字《かんたいじ》のような当用漢字の普及を図るだけでなく、筆順を指定することで、漢字の持つ意味を「さらにわからなくさせよう」という運動が起こったのです。何も知らない日本人こそ、いい面《つら》の皮です。子供たちは、指定された筆順でなければ、テストで点をもらえない。ですから素直にその筆順を受け入れました。

しかし漢字は、もともと象形文字から生まれた字です。ですからたとえば「魔」という字を見ると、中に「鬼」がいます。この字は、「广」+「林」+「鬼」でできているわけですが、「广」は、屋根の下ですから室内です。家の中が林の中のようだということは、家の中が薄暗いわけです。その薄暗いところに鬼がいるのです。「魔」という字は、異常なほどに何かに執着する人（例＝色魔《しきま》）や、何かをなそうとする者を阻害するもの（例＝睡魔《すいま》）のことをいいますが、「魔」という漢字の意味がどうのとまる暗記するのではなく、漢字の持つ象形性をしっかりと学んでいくことによって、実は、漢字は私たちに、たいへんな理解力、洞察力、推理力をもたらしてくれるものなのです。

これは伊勢雅臣《いせまさおみ》さんが書いておられることですが、「幼児の時から漢字を学ぶことで、抽象化、概念化する能力、推理力、主体性、読書力が一気に伸びていく。幼児の知能指数が漢字学習で一〇〇から一三〇にも伸びたというのも当然であろう」

かつての日本人がとてつもなく優秀だったのは、子供の頃からこうして漢字を学んでいたことが重要な要素のひとつであったという側面は見逃せないものであると思います。その意味では、戦後教育は、日本人を幼いうちからアホにする教育であったといえるのかもしれません。

起きてから対処するか、起きないように努力するか

将軍吉宗《よしむね》といえば、テレビドラマの『暴れん坊将軍』でお馴染《なじ》みです。番組では毎週悪者が現れて重大犯罪を犯します（笑）。では実際に吉宗が統治した江戸時代の享保年間の二十年の間に、江戸の小伝馬町の牢屋に収監《しゅうかん》された罪人の数は何人だったのでしょうか。答えはゼロ人です。これはお役人がさぼっていたわけではなくて、逆に犯罪が起きないように日々努力を積み重ねた成果でした。

西洋式「疑わしきは罰せず」の疑わしさ

「疑わしきは罰せず」というのは、罪刑法定主義の基本中の基本として、法学を学ぶ生徒が、まず最初に叩き込まれる思想（イズム）です。もともとラテン語の「in dubio pro reo」を翻訳したもので、そこから「疑わしきは被告人の利益に」という刑事裁判における原則としても用いられます。刑事訴訟《そしょう》では「推定無罪の原則」とも呼ばれています。現代刑法学は、この土台の上に構築されていますから、この土台が崩れてしまうと、現代刑法学そのものが成り立たなくなってしまいます。ですから学生たちは、いわば「有無を言わさず」に、最初に大原則の大基礎としてこの原則を叩き込まれるわけです。

ところがこの思想は、もともとが一七九八年のフランスの「人権宣言」に基づくもので、要するにそれまでの王権による民衆支配、つまり王によって民衆が私有民とされていたことに対するアンチテーゼとして書かれた原則です。そんなつい最近のものではなく、日本にはもっとはるかに古い時代から、実ははるかに優《すぐ》れた法制度があったのです。

フランス人権宣言は第九条で、

「何人も、有罪と宣告されるまでは無罪と推定される。ゆえに、逮捕が不可欠と判断された場合でも、その身柄の確保にとって不必要に厳しい強制は、すべて法律によって厳重に抑止されなければならない」

と述べています。これは所有者（支配者）である王によって、勝手に身柄が拘束されたり、処刑されたりすることを防がなければならないという趣旨で書かれたものです。現実にはこのように主張していた民衆が、王の退位後、今度は民衆同士で次々とギロチン送りを繰り返したわけですから、歴史的にみればこの「疑わしきは罰せず」は、かなり疑わしい精神であり原則であるということになります。

こういう現実にうまくいかなかった法原則を日本は西欧に学んで採り入れているし、そのことは戦後の日本国憲法にも明記されています。憲法の第三十一条です。

「何人も、法律の定める手続によらなければ、その生命若しくは自由を奪はれ、又はその他の刑罰を科せられない」

ところが、少し考えたらわかることですが、事件や事故などの不幸な出来事は、起きてから対処するのでは遅すぎます。事件や事故は、「起きないように予防する」ことが大事なのであって、起きてから、つまり現実に被害が生まれてから騒ぐのでは手遅れです。殺人が行われてから加害者を逮捕しても、被害者の失われた命は戻ってきてはくれません。

火事と同じです。火災が起こったら、もちろん総力を挙げて消火や鎮火《ちんか》に務めなければなりません。なぜなら火事は何もかも焼き尽くしてしまうからです。焼け出された人々は、本当に悲しいものです。それまでの人生の思い出となる品々が、全部、灰になってしまう。だからこそ、火事が起きないように、あるいは万一起きても、被害が最小限に食い止められる（ボヤのうちに消し止められる）ように、日頃から努力し続けなければなりません。放火などもってのほかだし、もし放火をする者があるならば、極刑にしてでも取り締まらなければなりません。

ところが西洋的法律論に従えば、実際に放火が行われ、何千人、何万人という被害者が出てから犯人を捕まえ、しかも法の定める手続きに従って裁判が確定するまでは、誰の目にも明らかな放火犯であっても無罪と推定することになっています。実際には放火の実行犯そのものなのに、冤罪《えんざい》だと言って、何十年でも裁判を行い続ける。果たしてそれが本当に民衆にとっての正しい選択といえるものなのでしょうか。

むしろ未然に防ぐために、疑わしいとお上《かみ》に思われただけで捕まえられるし、罰せられるし、街中の誰からも後ろ指を指されて警戒される。そして火災も事件も事故も、発生そのものが抑止される。そういう社会こそ、多くの民衆にとって安心で安全で幸せな理想社会といえるのではないでしょうか。

しかしそのような社会の実現のためには、そのお上《かみ》、つまり人の上に立つ側、取り締まる側が、権力を持つだけでなく、それに見合った責任を明らかにし、民衆との完全な信頼関係を構築していなければなりません。「警察は敵だ」などと冗談でも言えるような社会には、安全も安心もないわけで、警察官こそが、町でもっとも信頼されている、むしろそういう社会でなければなりません。

だから江戸の昔には警察、つまり「査察して刑をもって戒《いまし》める」という名称は使われなくて、民と同心《どうしん》であり、民に力を与える与力《よりき》であり、行いを奉じるお奉行《ぶぎょう》という用語が使われていたのです。

その奉行所は、起こった事件や事故を取り締まるだけのところではありません。以前川崎で中一児童殺害事件という痛ましい事件が起こりました。あの事件がもし江戸時代に起きていれば、川崎の町奉行は間違いなく切腹です。なぜならそうした痛ましい事件や事故が起こらないようにするために、ありとあらゆる権限を与えられているのが奉行なのです。にもかかわらず事件が起きてしまい、死者まで出たということであれば、奉行は切腹です。自分で腹を斬れば、奉行の家は息子さんが跡を継ぐことができますが、ノロノロしていていつまでも責任を取ろうとしなければ、江戸表《おもて》から使いの者がやってきて、「上意でござる。腹を召《め》されい」ということになります。この場合はお上の手を煩《わずら》わせたわけですから、お奉行の家はお取り潰しです。明日から一族郎党、全員が浪人者として路頭《ろとう》に迷うことになります。権力と責任は一体だったのです。

これが古くからの日本の哲学です。

警察官と仲良くできる日本ならではの理由

警察のことをポリス（Police）といいますが、この言葉も実はフランス革命の際に新たに生み出された造語です。もともとポリスは、古代ギリシアにおける都市国家や、そこに住む秩序ある人々を意味するラテン語の politia（民事行政）に由来《ゆらい》します。つまりフランス革命でさえ、取り締まる警察は市民生活に秩序をもたらすべきものとして生まれたのです。

日本における警察は、明治に入ってからその Police の翻訳語として使われるようになった翻訳語です。ですから警察という語は江戸時代には存在しません。

それでも幕末の翻訳家たちは、Policeを日本的な意味において社会に犯罪や事故が起きないよう警戒する「警」と、犯罪や事故が起こるのを防ぐために、それをあらかじめ知るという「察」を組み合わせました。あくまでも事件や事故は、起きてから取り締まるのではなく、起きる前に予防するものだという認識が、当時の日本ではあたりまえの常識だったからです。

権力者の恣意《しい》のままに警察権力が濫用《らんよう》され、気に入らないとか、敵対しているとか、愚にもつかない理由で逮捕され、拷問され、死刑にされることは、民衆にとって不幸なことです。なぜそのようなことが起こるのかといえば、警察が「権力者の走狗《そうく》」となるからです。だから民衆がこれに対抗するには、法による正義を確立するしかない、というのが、西洋のフランス革命以降の法律哲学の立場です。

しかし日本では、その権力者自体が、天皇から任じられた役職であり、民衆は天皇の「おほみたから」とされてきたという歴史を持ちます。権力者は民を私有するのではなく、民を天皇から預かる立場です。預かっている任地の民衆は、どこまでも天皇の「おほみたから」であって、自分の私有民ではないのです。このことを、たとえていうなら、やっと会社社長に雇われてみたら、「社員全員が会長の身内だった」ようなものです。イタリア・マフィアのゴッドファーザーに、組長として高給で雇われたら、その組員たちは全員ゴッドファーザーの親族だった、みたいなものです。しかも万一のことがあれば、責任を取って腹を斬らなければならないのです。

そういう次第《しだい》ですから、明治時代の警察官は「駐在さん」と呼ばれ、江戸時代の奉行所の考え方を受け継ぐ町や村の名士として、住民からたいへん慕《した》われ尊敬されていました。もちろん駐在さんとなった方々の多くが、元藩士であったことも影響していたかもしれません。駐在さんと民衆は、しっかりと信頼関係で結ばれ、取り締まる敵対者や対立関係ではなくて、どこまでも一緒に治安を図る仲間であると考えられていたのです。

それが明治の中頃から隣国人が国内に増え、特に戦後はその隣国人が三国人を名乗って国内で暴力行為を公然と働き、これを取り締まるために警察権力を復権させたら、今度はその警察を「マッポ」、「ポリ公」などと呼んで敵対視し、あたかも警察が社会の敵であるかのような印象操作が公然と行われるようになりました。

それでもいまでも警察官と普通の日本人が仲が良いことは、外国人の目から見ると、異常にさえ見えるのだそうです。

数年前、私は車を運転中に皇居の脇付近で白バイの警察官に捕まりました。その場で車を停められて切符を切られたのですが、たまたまそこにマラソンをしているヨーロッパのある国の大使館職員が通りかかりました。

「どうしてあなたは警察に捕まったのにニコニコしているのか」と英語で聞いてきたので、

「我々日本人は警察官を信頼しているからだ」と答えますと、彼らのひとりが、

「日本は素晴らしい。我々の国では警察官と市民がこんなにフレンドリーなことはない。よかったら一緒に写真を撮らせてくれないか」と言うので、結局その大使館の若者三人と警察官と私の五人で、一緒にニッコリ笑って、

「ハイ、チーズ」となりました。そして、

「あまりに素晴らしいことで感動した。自分のブログにこの写真を載せても良いか？」と聞くので、警察官の方の了解を得て、「もちろんＯＫ」と答えました。


諸外国では、西洋でさえ、警察官と民衆の間には距離があるのです。距離がなければならないのです。なぜなら警察は民衆に対する権力の行使者だからです。ところが日本では、まったくその必要がありません。民衆は権力よりも偉い天子様（天皇）の「おほみたから」とされ、警察はその「おほみたから」を守る存在なのです。

そういう考え方が、戦後の日本では理論的にはまったく教えられていないけれど、日本人はそのような社会を構築してからすくなくとも千三百年以上を過ごしてきているのです。結果として多くの日本人のＤＮＡには、それがはっきりと沁《し》みついているのだと思います。で

すから、震災や災害のとき、誰もが頼りにするのは警察官だし、民衆はその警察官の指示に整然と行動することができるのです。

真っ当に生きていれば冤罪は起こらない

もうひとつ、「疑わしきは罰せず」を考えるときに、冤罪《えんざい》についても触れておかなければなりません。

さきほどの中一児童の殺害事件もそうでしたが、現代憲法や現代刑法のもとでは、加害者だけが処罰の対象となり、加害者の少年たちは、有罪の判決が下るまでは無罪と推定され、有罪になっても少年法によって護《まも》られて、少しばかり少年院に行ってくるか、あるいは保護観察処分となって最初から少年院にも入らずに、そのまま街で不良を続けたりしています。

どの事件の犯人とは言いませんが、かつてあった足立区◯瀬の女子高生◯ンクリート詰め殺害事件では、加害者の少年たちは、「俺たちはあの事件の加害者だ」ということをある種のステータスにして、その後も女性たちを脅《おど》して強姦の限りを尽くしていた、という話も聞き及びます。こうなると、そもそも何のための刑事処罰なのかさえもわからなくなります。

これが江戸の昔なら、足立区の奉行は切腹です。もちろん犯人グループは少年であるなしにかかわらず、全員打ち首獄門さらし首です。さらに犯人だけでなく犯人たちの両親も良くて遠島《えんとう》、悪くすれば打ち首、犯人とその親が住んでいた長屋はお取り潰しで、跡形もなく取り壊され、長屋の家主も地主も遠島、犯人の居宅《きょたく》の向こう三軒両隣りは、全員犯罪少年と無関係であっても、数年間の懲役《ちょうえき》もしくは増税の刑に処せられました。まして犯人グループの中の生き残りのひとりが、再び街で狼藉《ろうぜき》を働いているという噂が、ほんのすこしでも立ったならば、その噂が事実であってもなくても、犯人たちは良くて百叩き、悪くすれば遠島か打ち首、犯人のみならず一度は赦《ゆる》された両親も遠島、家主や地主、隣近所も同様の処罰になりました。厳しかったのです。

それらは、「疑わしきは罰せず」という近代の刑法論に染まった思考からは、とんでもないことと思えるかもしれません。なぜならそれは「権力による横暴《おうぼう》」に見えるからです。

しかしその権力者は、権力者よりも上位の天子様によって「おほみたから」とされている民の生活の安全を守るために信任された地位にある人です。そして「おほみたから」である民衆の生活の安全と安心に責任を持ち、事件や事故が起こったならば、当然にその責任を取らされて切腹という立場にあるということになれば話の様子が変わってきます。

では、冤罪《えんざい》はどうするのかという問題があります。間違って、犯人ではない人物を逮捕してしまった。その場合、お奉行の立場はどうなるのか、という問題です。誤認逮捕と処罰によって、すでに上述のように長屋ごとお取り潰しになり、家主まで処罰されています。そして真犯人はのうのうと生き延びています。その真犯人が他で犯罪を犯せば、そこで逮捕され処罰されるのですが、そこでもまた誤認逮捕が行われたとします。要するに誤認逮捕でどこまでも逮捕劇が繰り返されたとします。とんでもない事態と思われることと思います。真犯人は別にいるのです。誤認で逮捕された人や、その近隣の人たちにとっては、とても不幸なことです。しかし疑われるようなことをしてきたから、間違っていたとしても逮捕されるのです。誤認や誤解されることのないように、日頃からまっとうに生きていれば、誤認逮捕されることも、近隣に迷惑をかけることもないのです。

加えて、重大犯罪が起きてから奉行所が動くようでは遅い。時代劇では奉行所は事件や事故が起きてから動きますが、実際の江戸社会では、あいつは事件を起こしそうだという段階で逮捕されました。小伝馬町の牢屋というのは、ですから犯罪を犯した人が収監されるところではなくて、起こしそうだという人が収監されるところだったのです。そして五十叩き、百叩きなどの処罰が行われました。犯罪が起きる前なのですから、軽微な罰で済んだし、軽微な罰なら、仮に冤罪であったとしても、それはそれでその人にとっての良い教訓となったのです。

また奉行所が意図《いと》して誤認逮捕をしているのではないかとお上から疑われれば、奉行は良くてお役御免、悪くすれば切腹です。そこに甘えも妥協もないのです。

要するに、個人の権益を守るか、社会の公益を守り、世の中の安定を図るかという、これは社会科学の問題です。犯罪が多い社会より、犯罪がない、犯罪が抑止された社会の方が、人々が安心して生活できるに決まっています。何事も西洋式が正しいと、無批判にそれを受け入れるのではなく、まさに和魂洋才《わこんようさい》で、良いものは良いものとして、工夫して採り入れていくことこそ大事なのではないかと思います。なんでもかんでも西洋のものをありがたがるという思考は、明治の初めには、それは必要なことであったかもしれませんが、あれから百五十年も経過しているのです。そろそろ日本人は、もとからある日本的なかしこい価値観や考え方をあらためて取り戻し、真に平和で豊かで安心で安全な社会を築くことを考えかつ行動していく時代に来ているのではないでしょうか。

日本の未来の枠組み

かつて「私がどうしても滅びてほしくない民族があります。それは日本人です。あれほど古い文明を、そのまま今に伝えている民族は他にありません」と語った外国人がいました。

日本に憧れ、日本人に感銘を受けた外交官

ポール・クローデルという人がいます。大正十（一九二一）年から昭和二（一九二七）年まで駐日フランス大使を務めた人です。彼は子供の頃に姉から葛飾北斎《かつしかほくさい》や喜多川歌麿《きたがわうたまろ》を紹介され、日本に強く惹《ひ》かれるようになり、憧《あこが》れの日本に来るために猛勉強を重ねて、明治二十三（一八九〇）年にフランスの外交官試験にトップで合格しました。そして米国、清国、オーストリア・ハンガリー帝国、ドイツ、イタリア、ブラジル、デンマークの大使を経《へ》てようやく日本に赴任《ふにん》しました。赴任直前にクローデルは、雑誌「エクセルシオール」のインタビューに次のように答えています。

「日本は、極東最大の陸海軍を持つ強国というだけではなく、非常に古い文明を持ち、それを見事に近代文明に適応させた国であり、偉大な過去と偉大な未来をあわせ持つ国です。私

は、フランス代表としてミカドの国に赴任することを、このうえない名誉と思っています」

駐日大使となったクローデルは、日仏の経済交流や文化交流を積極的に進めました。そして在任中の大正十二（一九二三）年に、関東大震災が起こりました。フランス大使館も火災のために全焼しています。このときクローデルは、次の文章を残しています。

「地震の日の夜、私が東京と横浜の間を長時間歩いているとき、あるいは生存者たちが群れ集まった巨大な野営地で過ごした数日間、私は不平ひとつ聞かなかった。人々はまるで両親が発狂してしまった良家の子供たちのように、悲しみに満ちた諦めの気持ちを抱いていた。廃墟の下に埋もれた犠牲者たちの声も、『助けてくれ！　こっちだ』というような差し迫った呼び声ではなかった。『どうぞ、どうぞ、どうぞ、お願いします』という慎ましい懇願の声だったのである」

クローデルは震災直後の日本人の姿を見て、感銘《かんめい》を受けたと書いています。自分がたいへんな厄災を受けながらも、他人にものを頼むときに礼節を忘れない。彼はその日本人の姿に、心からの感銘を受けて称賛をしました。

ヨーロッパで絶賛された日本的なテーマ

日本での任期を終えて、フランスに帰国したクローデルは、昭和九（一九三四）年には、

『火刑台上のジャンヌ・ダルク』を執筆しました。この本は二十世紀舞台演劇史上、最高の作品とされています。

テーマは、

「愛する者のために、自分の命で戦うこと」

何の取りえもなく、読み書きもできない十六歳の農村の娘がある日、天の啓示を受けて兵を引き連れ、強大な英国軍を打ち負かし、フランス王を即位させ、祖国を分裂の危機から救うのです。

このテーマ、なにやらものすごく日本的と思いませんか？　そしてこのテーマがヨーロッパ全土でいまに至るまで大絶賛され、ジャンヌ・ダルクの人気を不動のものにしたのです。

クローデルは、昭和十四（一九三九）年には、ローマ教皇ピウス十二世の即位式で、フランス政府の公式代表を務めました。同じ年、ケンブリッジ大学の名誉博士号を受け、ロマン・ロランとも交友しています。そのクローデルが戦時中の昭和十八（一九四三）年に、パリのある夜会に招かれたときのことです。

彼は、次のようにスピーチしました。

「私がどうしても滅びてほしくない民族があります。それは日本人です。あれほど古い文明を、そのまま今に伝えている民族は他にありません。日本の近代における発展、それは大変目覚しいけれども、私にとっては何の不思議もないのです。日本は、太古から文明を積み重ねてきたからこそ、明治になって急に欧米の文化を輸入しても発展したのです。どの民族もこれだけの急な発展をするだけの資格はありません。しかし日本にはその資格があります。古くからの文明を積み上げてきたからこそ、その資格があるのです」

そしてクローデルは最後にこう付け加えました。

「彼らは貧しい。しかし、高貴です」

この頃のフランスは、ドイツと戦っていた時期です。日本はドイツの同盟国です。ですからフランスからみれば日本は敵国です。それでもクローデルは「日本にだけはどうしても滅びてほしくない」と語っていたのです。彼はかつて六年間日本に滞在し、日本人と触れ合うことで魂の気高《けだか》さを知ったのです。

誇るべき魂の気高さを失った戦後日本人

いまの日本人は、戦後左翼によって自虐史観《じぎゃくしかん》を植え込まれ、「日本は悪い国だ」という政治的前提に立たなければ、それ以外のすべての発言はまるで封じられています。おかげで自虐史観を子供たちに知り込み国家解体を企図《きと》する日教組にNOを突きつけた中山成彬《なかやまなりあき》大臣は議員辞職に追い込まれ、日本は良い国だと言った田母神俊雄《たもがみとしお》元航空幕僚長は防衛省を退官に追い込まれてしまいました。しかし日本にダメなところがあると教育するなら、日本にはこういう良いところもあると教えなければ、それは偏《かたよ》った教育、偏った報道、偏った政治的判断というものです。

明治十七（一八八四）年に来日し、華族女学校で教鞭《きょうべん》をとった米国人女性教師のアリス・ベーコンは、日本人女性について次のように語りました。

「日本人の中で長年暮した外国人は、美の基準が気づかぬうちに変わってしまいます。小さくて穏やかで控え目で優美な日本女性の中にいると、自分の同胞の女性が優美さに欠け、荒々しく攻撃的で不様に見えるようになるのです」

時代がくだって平成十五（二〇〇三）年のことです。マレーシアの独立記念日に、マレーシア上院議員ラジャー・ダト・ノンチック氏が、次の詩を書いて発表しました。この詩をかみしめてみたいと思います。

かつて日本人は清らかで美しかった
かつて日本人は親切でこころ豊かだった
アジアの国の誰にでも自分のことのように一生懸命つくしてくれた

何千万人もの人のなかには少しは変な人もいたし
おこりんぼやわがままな人もいた

自分の考えを押し付けていばってばかりいる人だって
いなかったわけじゃない

でも　その頃の日本人は
そんな少しの　いやなことや不愉快さを越えて
おおらかでまじめで希望に満ちて明るかった

戦後の日本人は自分たちのことを悪者だと思い込まされた
学校もジャーナリズムもそうだとしか教えなかったから
まじめに自分たちの父祖や先輩は悪いことばかりした
残酷無情なひどい人たちだったと思っているようだ

だから　アジアの国に行ったらひたすら　ペコペコあやまって

わたしたちはそんなことはいたしませんと言えばよいと思っている

そのくせ　経済力がついてきて技術が向上してくると
自分の国や自分までがえらいと思うようになってきて
うわべや口先では済まなかった悪かったと言いながら
ひとりよがりの自分本位のえらそうな態度をする

そんな今の日本人が心配だ
本当に　どうなっちまったんだろう　日本人は
そんなはずじゃなかったのに

本当の日本人を知っているわたしたちは
今はいつも歯がゆくてくやしい思いがする

自分のことや自分の会社の利益ばかり考えて
こせこせと身勝手な行動ばかりしている

ヒョロヒョロの日本人はこれが本当の日本人なのだろうか

自分たちだけで集まっては　自分たちだけの楽しみやぜいたくにふけりながら
自分がお世話になって住んでいる　自分の会社が仕事をしている
その国と　国民のことを　さげすんだ眼でみたり　バカにしたりする

こんな　ひとたちと本当に仲よくしてゆけるだろうか

どうしてどうして日本人はこんなになってしまったんだ

襟を正して新たな枠組みを

キ◯ヨナが審判を買収してインチキ判定で冬季五輪で優勝したことに腹を立てる人は多いと思います。浅田◯央ちゃんは、そんな中で本当によく頑張ってくれました。しかしキ◯ヨナが怪《け》しからんといって、もし日本がキ◯ヨナに負けず劣らない買収工作や虚偽判定を行ったらどうなのでしょうか。日本がK国に対する一切の経済援助を打ち切り、K国からの輸入や渡航を一切禁止し、K国を経済的に追いつめながら、一方で圧倒的な日本の国費をもってフィギュアの審判団を買収する。そうして日本の選手を優勝させる。感情的になって、そうしてやりたい気持ちはわかります。しかしそんなことをすれば、日本はどこかの国と同様、世界の信用を失うだけです。そんな乱暴を日本人なら誰も望まない。たとえ敗れたとしても、それでも正々堂々、愚痴のひとつも言わずに、まっこうから勝負を挑む浅田◯央だからこそ世界は感動したのです。

Chinaや K国や北朝鮮が相変わらずトンデモないことばかり言ってくるけれど、だからといって、日本が、テメエコノヤロウとばかり感情的にやり返したら、それで問題はすべて解決するのでしょうか。軍備を整え、Chinaや K国に対して、「文句があるなら、やるかこらぁ！」とやったら、それで日本は世界の信頼と信用を勝ち得るのでしょうか。核爆弾でも撃ち込んだら問題はすべて解決するのでしょうか。

世界はChinaや K国、北朝鮮だけではないのです。むしろ日本が襟《えり》を正し、しっかりとした国になり、まじめに正々堂々とひたすら努力に励《はげ》むなら、世界の良心は日本の味方となるのではないでしょうか。外交は、言論と戦争だけではありません。敵の敵を味方につけるというのも立派な外交のひとつです。

立憲民◯党がダメダメ政党である。私もそう思います。しかしダメだダメだと言うだけでは何の解決にもなりません。不正を暴《あば》くことも大切でしょう。けれど、では次にどうすれば良いかというメッセージが伝わらなければ、多くの国民の共感は得ることができません。かつて、貧しくても世界から愛され、尊敬される日本が厳然《げんぜん》と存在しました。クローデルが言うように、日本には古代から連綿と続く古い歴史と伝統と文明文化がありました。なにも自虐史観にいつまでもとらわれなければならない理由などありません。ならば、日本は戦後のねじまがった日本を、もういちど抜本的に検証し、新たな日本の枠組みの建設をしていかなければなりません。それは戦後のねじまがった社会構造の中で一定の利権を得た在日外国人や、反日左翼、あるいは教育界の魑魅魍魎《ちみもうりょう》を全部放逐《ほうちく》するという結果を招くかもしれない。しかしそこに躊躇《ちゅうちょ》したら、おそらく多くの国民の理解など得ることはできないのではないかと思います。

多くの国民がいま、日本に抱いているのは、どうにもならない「閉塞感《へいそく》」です。だから「自民党をぶっこわす」と言った小泉《こいずみ》政権に期待したし、政権交代にも期待したのです。そして小手先の中途半端な改革や、左翼的改革の方向性には、やはり国民はNOを突きつけました。民〇党の歴史的大敗北です。多くの日本国民や世界が求めているのは、日本が共産主義国家になり、言論が封殺され、China の属国になり、治安が悪化して暴行や傷害、強姦致傷が日常化するような日本では、決してありません。

日本が、かつての誇りある日本になること。

歴史と伝統と未来を尊び、誇りある豊かな日本になること。

そしてそのことこそ、日本人だけでなく世界の良心が求めていることなのではないかと思います。残念なことに、そのための具体的青写真は、いまだにどの政党からも出ていません。しかし否定だけでは何も生まれないのです。どうしたいのか。どうなっていこうとしているのか。その具体的な日本の未来の枠組みと、現下の問題点の解消の両面についての、明確な議論が、いまもっとも求められていることであるように思います。

もちろんその中には、現憲法の無効化ないし破棄《はき》、教育の再建、自衛隊の国軍化、教育勅語、軍人勅諭の復活等々も含まれることでしょう。外国人参政権や夫婦別姓などもってのほかと思います。日本の未来像を、左傾化の方向にするようなら、それは日本人からだけでなく、世界から顰蹙《ひんしゅく》を買うことになります。

日本の新たな枠組み。

それこそが、いま、多くの日本人が本音で政治に期待していることなのではないかと思うのです。

唐辛子とキムチのお話

キムチといえば、半島の伝統食と思っておいでの方が多いかと思いますが、実は……というお話です。

カレーもキムチも外来食

日本人は誰しもカレーライスが大好きですが、それを日本の「伝統食」だなどと思っている人は誰もいません。日本人はカレーはインド生まれだと誰もが知っているし、本家のインドカレーも美味《おい》しいと楽しむし、味をさらに工夫することで、みんなで喜んで食べているだけです。昔日本のカレーライスを食べて、「あまりの美味しさにインド人もびっくり！」などというＣＭもありましたが、あくまでそれは工夫の問題であって、カレーを日本生まれだなどと言う人は、おそらく子供でもいません。

そのことと比較するのもおかしな話ですが、実はキムチは半島にとっての外来文化です。そもそもキムチは半島の伝統食ではありませんし、使われている唐辛子も白菜も半島原産ではありません。キムチが現在のような辛味の強い真っ赤な食品として半島に定着したのは、実は日韓併合後のことです。

キムチの主役の唐辛子は、そもそも南米のチリ産です。だから唐辛子ソースのことを「チリソース」といいます。もともと唐辛子は南米のチリで、現地の人たちがすり潰して下剤として使っていたものを、コロンブスが薬品としてスペインに持ち帰り、そのスペイン人によって、ほとんど日をおかずに日本にもたらされたのが、戦国時代の終わり頃のことです。

ですから当初は日本でも、唐辛子は漢方薬のひとつでした。ちなみに江戸時代初期まで、外来の薬品や薬草は、それが中国からのものであれ、スペインやオランダからもたらされたものであれ、すべて「漢方」です。オランダのものだけが蘭方《らんぽう》とされるようになったのは江戸中期以降のことです。

そもそも漢方薬の「漢」という国は、三世紀初頭には滅びてなくなっています。それを日本人が丁寧《ていねい》に「漢」と呼び続けたのは、日本人がただ律儀《りちぎ》なだけのことです。

唐辛子が初めて半島に伝わったのは、秀吉《ひでよし》の朝鮮出兵のときであったとされています。あくまで薬品として日本から持ち出しました。これをキムチの発祥《はっしょう》としている本などもありますが違います。この頃の唐辛子は、あくまで下剤や寒さ対策の塗り薬で、食用ではありません。

日本から伝わった唐辛子

秀吉の朝鮮出兵から八十年ほどあと、日本でいったら江戸中期にあたる寛文十（一六七〇）年に書かれた朝鮮の料理本の『飲食知味方』には、漬け物としてのキムチは出て来るのですが、ここに唐辛子を用いたものは、ひとつも書かれていません。そこにあるのは、ただの漬け物です。そもそも半島の言葉でキムチというのは、もともとは日本でいう漬け物のことです。

朝鮮半島で唐辛子を用いた料理が登場するのは、江戸時代後期にあたる文化六（一八〇九）年の『閨閤叢書』で、ここには漬け物に、千切りにした唐辛子を少量入れることが書かれています。日本でも浅漬けに少量の唐辛子を千切りにして入れますが、要するにそれと同じです。

キムチがもう少し辛味主体のものとして書かれているのが、『林園十六志』で、これは文政十（一八二七）年の書です。ではなぜその時代にあの唐辛子キムチが広がったのか。そこに実におもしろい歴史があります。

江戸の町の両国に薬研堀《やげんぼり》というところがあります。ここの町名がどうして薬研掘というかというと、これが読んで字の如《ごと》くで、お堀の形状が、漢方医が使う「薬研《やげん》」に似ていたからなのだそうです。この地名からなのか、薬研掘界隈《かいわい》には薬屋さんや薬品問屋さんが集まりました。また薬屋さんが近いからと、漢方医たちもここにたくさん開業しました。いまでも調剤薬局などは病院の近くにありますが、それと同じです。

寛永二（一六二五）年といいますから、徳川家光《とくがわいえみつ》が三代将軍になったばかりの頃、この江戸の両国薬研掘に、中島特右衛門《なかじまとくえもん》という人が薬種商《やくしゅ》の「やげん堀」を開業しました。

この頃の江戸で流行《はや》っていたのが、お蕎麦屋《そばや》さんです。なにせ簡単にツルツルっと食べられてお腹がふくれるから、気の短い江戸っ子には大流行でした。そこで特右衛門さん、この蕎麦の薬味《やくみ》に、唐辛子が使えないものかと考えたのです。

ところが唐辛子をすり潰しただけでは、ただ辛いばかりであじけない。そこで唐辛子に、麻の実、青しそ、山椒、黒ゴマ、白ゴマ、みかんの皮を入れて、一緒にすり潰したものを、開業の翌年に、「七味唐辛子、やげん堀」として売りに出しました。

なんと、これが大ヒット！　なにせ風邪の妙薬で元気が出て、しかも蕎麦汁《つゆ》に入れると美味しいのです。またたく間に、特右衛門さんのお店は大繁盛したし、徳川家光の菊の宴《うたげ》にこれを献上《けんじょう》したら、家光様にいたく気に入られて、なんと徳川家の「徳」の一字まで賜《たまわ》ってしまって、おかげで名前も改め、中島徳右衛門。このお店は、代々続いていて、いまでも七味唐辛子本舗となっています。

江戸で流行ったものは、全国に波及します。蕎麦やうどんに七味唐辛子をちょいと入れて美味しくいただくという習慣は、こうしてはじまりました。ここで唐辛子が日本で「七味になることで」一般の食用に供されるようになったということを、ひとつ押さえてください。

「七味」を持ち帰った朝鮮通信使

時代は移って江戸中期、第十一代将軍家斉《いえなり》の時代、その襲封《しゅうほう》祝賀（将軍就任の祝賀）のために、第十二回朝鮮通信使が日本にやってこようとしました。あくまでも、「やってこようとしました」です。文化八（一八一一）年のことです。

朝鮮通信使というのは、隣国からの慶賀の使者という意味においては、とてもありがたい存在だけれど、なにせ相手は儒教の国です。自国を立派に見せるためにと、いちどきに六百人からの大所帯でやってきます。それが朝鮮半島から対馬を経由して福岡に上陸し、そこから半年がかりで陸路はるばる江戸までやってくるわけです。対馬から先の旅費は祝賀を受ける側、つまり日本側の負担です。一回の通信使で百万両（約六億円）の接待費がかかったそうです。当時の幕府の経済力からしたら、金額自体はたいしたことはありません。忠臣蔵で有名な勅使下向《ちょくしげこう》の接待は毎年のことですが、同程度の経費がかかります。問題は朝鮮通信使が、そこが日本であることをまったくわきまえず、沿道の民家を襲って農作物や鶏を泥棒したり、大声で騒ぐことにありました。指定された旅館では、旅館中の器物が軒並み泥棒されてしまいます。宿泊させれば翌朝には、朝の大きな御用を日本人ならちゃんと厠《かわや》でするのに、彼らは彼らの国の風習で一斉に旅館の表の路上で行います。なにせ六百人分の黄金です。後始末がどんなにたいへんか。

要するに、野生の猿のような野蛮人たちが、延々江戸までやってくるわけで、これは民衆にしたら、たいへんな迷惑なのだけれど、いちおうカタチは国賓《こくひん》です。粗略には扱えない。そんなわけで毎度迷惑千万な使いだったわけで、ついに徳川家斉は、この朝鮮通信使について「易地聘礼《えきちへいれい》」といって、江戸までやってこさせるのではなく、対馬藩で挨拶を受けるだけの簡便な方法に切り替えました。要するにもうカンベン（勘弁）してほしいということで、こうしてやっとのことで第十二回朝鮮通信使は、対馬藩で足止めとなったわけです。この足止めの成功によって対馬藩は、なんと二万石が加増されています。どんなにホッとしたかということです。

ところが足止めされた側の通信使の方は、ただで帰るわけにもいきません。そこで江戸まで行ったことの証明（実際には行っていない）にと、お土産《みやげ》となったのが、当時江戸で大流行していた七味唐辛子でした。食事の際にちょっとお汁《つゆ》に七味を入れるだけで、めちゃくちゃおいしくなるのです。「これは何か」と聞かれて、帰りのお土産に持たせたのが、七味唐辛子と、唐辛子の実です。おかげでその後、李氏《りし》朝鮮王朝の貴族の高級食品として、唐辛子が大流行するようになりました。

けれどこの段階では、あくまで唐辛子は貴族の宮廷料理の調味料としてだけのものです。なにせ庶民は食事の際に箸《はし》もスプーンも使わない。実は朝鮮半島で一般の庶民が食事の際に、箸やスプーンを使うようになったのは、明治四十三（一九一〇）年以降のことです。それまでは朝鮮半島における庶民の食事はインド式（手づかみ）です。

このように書きますと、

「そんなはずはない。日本文化は食事の作法まで、Chinaから朝鮮半島を経由したものだし、箸も朝鮮が日本に教えてやったものだ」という反論がどこかから聞こえてきそうですが、それが事実かどうかは当時の写真を見たら一目瞭然です。日韓併合の少し前の頃の半島の庶民の生活を写した写真はたくさん残っていますが、食事風景を見てもお椀はあるけれど箸もスプーンもありません。

「路上脱糞禁止令」と「朝鮮名物」

さて、日本が朝鮮を統治した時代に、日本が設置した朝鮮総督府が、何度も繰り返して出した御触《おふ》れに「路上脱糞禁止令」があります。それまでの半島にはトイレがなく、路上脱糞があたりまえの習慣だったのですが、これではあまり衛生面でよろしくない。そこで朝鮮総督府が路上脱糞を禁止したわけですが、ところが人間、食べれば必ずもよおすし、一方で昔から用をたしていた路上では脱糞が禁止です。そこではじまった習俗が、室内に穴を掘り、そこで用をたすという習慣でした。

掘った穴が満タンになると、そこに土をかけて、室内の別な場所に別な穴を掘って、そこでする。これを何年か繰り返しますと、室内の縁の下が全部有機物になり、地面が自然発熱してたいへんに温かくなります。その生温かいところに昔ながらの野菜を入れた甕《かめ》を頭だけ出して埋め、その中で漬け物を作りました。ところが雨が降ると雨水があふれるわけです。甕の中に、雨水と一緒に有機物の汚水が入ります。こうなるとせっかくの漬け物に、妙な臭いが付くし、甕を空ければ、そこに虫がわいています。そこで虫を殺すことと、臭みを消すために、唐辛子をどっさりと入れた漬け物が作られるようになりました。これがいまのキムチです。おかげでキムチは、各家庭ごとに味が違い、美人のいる家庭のキムチは特に美味しいとされたとか……。

もうひとつ、キムチといえば白菜《はくさい》が使われますが、白菜が一般に栽培されるようになったのは、名古屋の野崎徳四郎《のざきとくしろう》という人が大正時代の初め頃に栽培に成功したことがきっかけです。それまでは白菜は栽培されていません。

こうしてキムチは、日本から渡来した箸《はし》文化と、唐辛子、これに日本の統治時代の「路上糞便禁止令」に、大正時代の白菜の普及が加わって、いまのカタチとなりました。

つまりキムチは、朝鮮の伝統食などでは全然なくて、ほぼ、大正時代にいまのキムチになったにすぎません。要するにキムチは、あくまで朝鮮名物であって、「伝統食」ではないのです。

韓国の歴史教科書では、オクレていた日本に、あれも教えてやった、これも教えてやったなどと、様々な文化を日本に教えてあげたのだと記載されています。けれど日本が半島から教わったものって、何があるのでしょうか？

仏教ですか？　仏教は、韓国発祥ではありません。

陶磁器ですか？　陶磁器は日本では縄文時代から長く作られています。

キムチですか？　もともとはただの漬け物でしかありません。しかも発酵食品文化というのは日本古来の食文化です。

文字ですか？　ハングルを朝鮮族の公式な文字として採用したのは日本です。

他に何がありますか？

阿修羅像と日本文化

奈良興福寺の阿修羅像をもとに、日本文化の底深さを考えてみたいと思います。
このお話、結構おもしろいです。

阿修羅像の複雑な表情

奈良の興福寺といえば法相宗大本山で、藤原鎌足《ふじわらのかまたり》・藤原不比等《ふひと》親子ゆかりの寺院として、また藤原氏の氏寺《うじでら》としても知られています。このお寺は奈良時代には四大寺、平安時代に七大寺のひとつに数えられるほど、強大な勢力を誇ったお寺で、鎌倉時代から室町時代にかけては、幕府が大和国の守護を興福寺に委《ゆだ》ねていたほどでしたし、徳川幕府の時代でも、興福寺は知行《ちぎょう》二万一千余石を与えられ、大名に並ぶ権威を持っていたほどでした。

その興福寺で有名なのが阿修羅《あしゅら》像です。奈良時代の作とされ、現在は国宝、像の高さは一五三・四センチあります。現代日本人の二十歳以上の身長の平均は男性が一六七・三センチ、女性が一五四・二センチですが、先の大戦中は男が一六〇センチ、江戸時代から明治初頭では一五五センチでしたから、おそらくこの阿修羅像は、作られた当時の日本人の成人男性の平均身長くらい、つまりほぼ等身大に作成されたものであるといわれています。

それにしてもこの阿修羅像、本当に複雑な表情をしています。戦前の小説家の堀辰雄《ほりたつお》は昭和二十一（一九四六）年十月に、当時奈良国立博物館に寄託展示されていた阿修羅像に目をとめて、その表情について、

「何処か遥かなところを、何かをこらえているような表情で、一心になって見入っている阿修羅王の前に立ち止まっていた。なんというういういしい、しかも切ない目ざしだろう」

と描写しています。わかる気がします。

ところが不思議なことがあります。何が不思議かというと、この像の名前が阿修羅像であることです。阿修羅というのは古代インドのサンスクリット語の「asura」を漢字表記したものです。「sura」は生命や生存を意味し、「a」はその否定形です。つまり「a-sura」は、生命や生存（sura）を否定する、つまり生きることを否定するという意味を持ちます。つまり仏に仇《あだ》なす敵の生存を否定する神様ということで、仏敵を倒し滅ぼし征圧する闘争の神様とされているのです。これは阿修羅を単に修羅と書いても同じ意味です。そして阿修羅は、もともと闘争神であったけれど、須弥山で釈迦《しゃか》に帰依《きえ》することで、釈迦を外護し仏敵を滅ぼす闘争の神様となりました。つまり阿修羅は本来はたいへんに勇ましい神様なのです。

ところが興福寺のこの阿修羅像は、そんな戦いや闘争よりも、むしろ物悲しさを感じさせる表情をしています。しかも両手を合わせて合掌《がっしょう》している。

ちなみに同じく興福寺にある因達羅《いんだら》大将像などを見ると、こちらは十二神将のうちの一柱ですが、まさに勇ましさを絵に描いたようなお顔やお姿に作られています。ならばどうして阿修羅像は戦いの神様なのに因達羅大将のような剛勇な姿に描かれていないのか。実はここに日本的人物観の特徴があるのです。

表情に込められた「将の宿命」

阿修羅は十二神将よりも高い地位にある神様です。要するに将軍たちの中の大将軍の地位にあります。大将軍であれば、数々の戦いを指揮します。そして戦いがあれば、たとえそれが勝ち戦《いくさ》であったとしても、敵味方に数多くの死傷者が出ます。そのひとりひとりには家族がいます。親がいて妻がいて子がいて友がいます。ひとりの死は、数多くの家族や友人たちに悲しみをもたらします。将は戦いに勝つことが使命です。しかし同時に、それらすべての悲しみを背負う立場でもあります。

乃木《のぎ》大将もそうでした。乃木希典《まれすけ》大将については、司馬遼太郎《しばりょうたろう》さんなどはさんざんに描いていますが、実は乃木大将は難攻不落の要塞である旅順要塞戦を、世界史上類例のない短期間、そして世界史的には驚くほど最小の兵の損耗《そんもう》で制した世界の陸戦史上、もっとも名高い名将軍でした。そしてその乃木大将は、日露戦争の戦没者の供養《くよう》にと私財を投げ売って、全国の神社に「忠魂碑」を寄進《きしん》された方でもあります。さらに戦いの最中に腕を失った兵たちのためにと、自ら義手を研究開発し、世界に例のない、モノをつかんだり字を書いたりすることのできる、現代の世界のコンピューター制御の義手でさえできないすごい義手を考案して、これを戦傷兵たちのためにと、これまた私費で寄贈したりまでされた方です。その乃木大将のお写真を見ると、やはり阿修羅像のごとく、悲しみをたたえた目をしておいでです。

人は戦わなければならないときというのがあります。そして悲しいことに、戦いは多くの悲しみを生みます。その悲しみを背負うこともまた、大将軍の使命なのかもしれません。だからこそ奈良時代に作られた阿修羅像は、まさに悲しみをその表情にたたえているのです。

そして、いわゆる仏教国というのは世界に多々ありますけれど、その世界の中で阿修羅像に十二神将のような豪壮さではなく、こうした悲しい表情をたたえさせた彫刻をしているのは、実は日本だけのことです。

乃木大将は、日常的に悲しい表情だったわけではありません。体中からオーラを発しているかのような、気品と凄《すご》みを両立された方であったといわれています。実は阿修羅像にも、後日談があるのです。

真っ赤な血の色に染まっていた阿修羅像

実は近年、松永忠興《まつながただおき》氏という我が国仏教彫刻の復元模造の第一人者が阿修羅像を復元しました。もちろん本物の阿修羅像を復元したのではなく、本物と寸分たがわぬレプリカを作って、本物の表面にわずかに残された塗料の成分を分析しながら、作られた当時の像を再現するのです。すると阿修羅像は、実は全身を真っ赤な血の色に染め、口には髭《ひげ》を蓄《たくわ》えていたことまでわかりました。そして目もとの化粧などを、復元してみると、そこに現れたのは、悲しみの表情とはほど遠い、まさに身分の高い大物の憤怒相《ふんぬそう》が現れたのです。

将は悲しみを背負うものと右に述べました。ところが同時に上に立つ者は、その悲しみをこらえて、何事もなかったかのような表情をたたえるものだという思想が、なんとこの阿修羅像の素顔には施《ほどこ》されていたのです。

化粧を外せば、そこにある素顔は、まさに悲しみを背負った表情です。けれど化粧を施した表面上のお顔は、はっきりとした強い意思をたたえ、十二神将たちの猛将を従える猛将軍としての立派な貴族の表情になっているのです。

この奥深さ、この芸術性。それがなんと、いまから千三百年前の日本の奈良時代の芸術なのです。

遺書まで改ざんする戦後左翼の横暴

東條英機《とうじょうひでき》元首相の遺書はいろいろなところで紹介されているのですが、実はかなり意図的な改ざんが目立つものとなっています。

たとえ総理といえども、他人の遺書を改ざんするなど、もってのほかと思うのですが、本当に売国左翼や在日たちの悪意には、ほとほとあきれ果ててしまいます。

東條元首相の遺書を意図的に改ざん？

たとえば東條英機元首相の遺書に「今回の処刑を機として、敵・味方・中立国の国民罹災者の一大追悼慰安会を行われたし。世界平和の精神的礎石としたいのである」という文があります。

東京裁判で、戦犯として処刑されることが決まった元総理が、戦争の責任は、自分たちが全部負って死ぬから、いったん、それはそれで終わりにして、戦争で亡くなられた方々、あるいは被災した方々について、敵味方の区別なく、みんなで追悼会を開催してほしい、という呼びかけです。なぜそれをしようというのかといえば、敵も味方もない、戦争の悲惨を繰り返さないために、戦勝国も敗戦国も一堂に会した一大追悼会を開催して世界平和の精神的礎石にしてほしいという文です。

ところがいろいろなところで紹介されている遺書を見ると、肝心の「世界平和の精神的礎石としたいのである」や、「追悼慰安会」が取り払われて、単に、「今回の処刑を機として敵、味方、中立国の罹災者の一大追悼会を発起せられたし」とされていたりするのです。つまり「何のために」という東條元首相の熱い思いやメッセージが見事に消されているのです。

あるいは、「再建軍隊の教育は精神教育を採らなければならぬ」という文があるのですが、これなどは主語が改ざんされて、「教育は精神教育を採らなければならぬ」にされています。将来再建する軍について、単に強いばかりの軍にしてはいけないよ、どこまでも日本人らしい精神性を大切にしなければいけないよと書いているのに、主語が変わることで、あたかも子供たちへの「教育を精神教育第一とせよ」と言っている、つまりまるっきり右翼軍国主義的な主張であるかのような誤解を与える文章にされたりしています。さらにこの文では軍隊の再建について「忠君愛国を基礎としなければならぬが、(旧陸海軍の一部に)責任観念のないことは淋しさを感じた」と実際には書かれているのに、これをまた単に「責任感をゆるがせにしてはならぬ」と変えられています。

まだあります。この続きとして軍の責任観念について「大いに米国に学ぶべきである」と書いてあるのに、それが単に「教育は、大いに米国に学ぶべきである」とすり替えられています。

この一文は、戦争遂行責任者としての東條英機元首相からみた、陸海軍への感想です。両軍ともに忠君愛国の念は非常に堅牢《けんろう》なものがあったにもかかわらず、本部命令に現場が背《そむ》き、進撃すべきものを現場指揮官の判断で勝手に逗留《とうりゅう》したり反転したりするような事態が、前線において顕著《けんちょ》に見られたことによって、勝てた戦いが負けに終わってしまったということが、実際いくつも起こっていたのです。人を大切にし、人と人とが対等であるという観念の強い日本ですが、軍においては一部の人のそうした振る舞いが結果として大勢の命を奪うことになります。だからこそ軍の総責任者であった東條首相は、二度と軍においてそのようなことが起こらないようにと遺書にしたためているのです。とても大切な一文であるにもかかわらず、それを単に「教育は」としたら、意味がまるで違ってきます。ひどい話です。

残された財産が物語るもの

東條英機元首相は、昭和二十三（一九四八）年十二月二十三日に東京巣鴨において刑死されました。六十四歳でした。東條英機元首相は、明治十七（一八八四）年生まれで陸軍大学を卒業し、陸軍大将となり、開戦前の昭和十六（一九四一）年十月に、勅命をもって内閣総理大臣に就任した人です。

処刑後、GHQは、日本の総理大臣だったのだから、東條首相にはきっと隠し財産がいっぱいあるに違いないと、青森の実家にまで押しかけて徹底した家捜《やさが》しと取り調べを行いました。ところがめぼしい財産など、何ひとつ出てこない。当時の日本はとても貧しかったけれど、その貧しい中でもとびきり貧しいのかと思えるほど、何もない。これにはさしものGHQも驚いていたそうです。

日露戦争くらいまでは、世界の資源エネルギーの中心は石炭でした。それが第一次世界大戦頃から石油へと変わりました。日本は石炭なら自国内で産出できます。しかし石油はありません。これはエネルギーの最先端にある軍にとってきわめて重大かつ深刻な事態でした。しかも日本はその石油の多くを米国から輸入していました。陸海軍の士官学校を卒業された軍の高官たちにとって、このことは致命的ともいえる大問題です。東條英機は、開戦前に米国からの石油の輸出差し止めが行われて日本が追いつめられたとき、若い部下たちや、メディアから即刻開戦せよ！　と迫られ、「石油ごときのために戦争がはじめられるか！」と激怒しています。

それでも開戦に踏み切らざるを得なかったのです。その決断をした者として、戦後、戦争の全責任を負いました。その東條英機元首相が、地位を利用した自分の財産など毛筋一本残さず、お金のためなどではなく、天下国家のためにだけその生涯を捧げたということは、私たちは批判すべきことではなく、謙虚に事実として受け止めるべきことであると思います。

東條英機元首相の遺書全文

その東條英機元首相の、改ざんされていない遺言状をここに掲載します。死の直前の文です。私にはこの文が、まさに戦前の日本人の良心の血の叫びのように聞こえます。

【遺言】開戦当時の責任者として敗戦のあとをみると、実に断腸の思いがする。今回の刑死は個人的には慰められておるが、国内的の自らの責任は死をもって贖《あがな》えるものではない。しかし国際的の犯罪としては無罪を主張した。いまも同感である。

ただ力の前に屈服した。自分としては国民に対する責任を負って満足して刑場に行く。ただこれにつき同僚に責任を及ぼしたこと、また下級者にまでも刑が及んだことは実に残念である。天皇陛下に対し、また国民に対しても申し訳ないことで深く謝罪する。

元来、日本の軍隊は、陛下の仁慈の御志により行動すべきものであったが、一部過ちを犯し世界の誤解を受けたのは遺憾であった。このたびの戦争に従軍して斃れた人、およびこれらの人々の遺家族に対しては実に相済まぬと思っている。心から陳謝する。

今回の裁判の是非に関しては、もとより歴史の批判に待つ。もしこれが永久平和のためということであったら、も少し大きな態度で事に臨まなければならぬのではないか。この裁判は結局は政治裁判に終わった。勝者の裁判たる性質を脱却せぬ。

天皇陛下の御地位および陛下の御存在は、動かすべからざるものである。天皇存在の形式についてはあえて言わぬ。存在そのものが絶対に必要なのである。それは私だけでなく多くの者は同感と思う。空間や地面のごとき大きな恩は、忘れられぬものである。

東亜の諸民族は今回のことを忘れて、将来相協力すべきものである。東亜民族もまた他の民族と同様、この天地に生きる権利を有つべきものであって、その有色たることをむしろ神の恵みとしている。

インドの判事には、尊敬の念を禁じ得ない。これをもって東亜民族の誇りと感じた。

今回の戦争によりて東亜民族の生存の権利が了解せられ始めたのであったら、幸である。列国も排他的の感情を忘れて、共栄の心持をもって進むべきである。

現在の日本の事実上の統治者である米国人に対して一言するが、どうか日本の米人に対する心持ちを離れしめざるように願いたい。また日本人が赤化しないように頼む。

東亜民族の誠意を認識して、これと協力して行くようにされなければならぬ。実は東亜の多民族の協力を得ることができなかったことが、今回の敗戦の原因であると考えている。今後日本は米国の保護の下に生活していくのであらうが、極東の大勢はどうであらうか。終戦後わずか三年にして亜細亜大陸赤化の形勢は斯《か》くの如くである。今後のことを考えれば実に憂慮にたえぬ。もし日本が赤化の温床ともならば危険この上ないではないか。

今日本は米国よりの食糧の供給その他の援助につき感謝している。しかし一般がもし自己に直接なる生活の困難やインフレや食糧の不足等が、米軍が日本に在るがためなりというような感想をもつようになったならば、それは危険である。実際はかかる宣伝をなしつつある者があるのである。よって米軍が日本人の心を失わぬよう希望する。

今次戦争の指導者たる米英側の指導者は、大きな失敗を犯した。

第一は、日本といふ赤化の防壁を破壊し去ったことである。

第二は、満州を赤化の根拠地たらしめた。

第三は、朝鮮を二分して東亜紛糾の因たらしめた。

米英の指導者は、これを救済する責任を負うて居る。従ってトルーマン大統領が再選せられたことは、この点に関して有り難いと思ふ。

日本は米国の指導に基づき、武力を全面的に抛棄《ほうき》した。これは賢明であったと思う。しかし世界全国家が全面的に武装を排除するならばよい。然《しか》らざれば盗人がばっこする形となる。泥棒がまだいるのに警察をやめるやうなものである。

私は、戦争を根絶するには欲心を取り払わねばならぬと思う。現に世界各国は、いずれも自国の存在や自衛権の確保を主としている。これはお互いに欲心を抛棄《ほうき》して居らぬ証拠である。

国家から欲心を除くということは、不可能のことである。されば世界より今後も戦争を除くということは不可能のことである。これでは結局は人類の自滅に陥るのであるかも判らぬが、事実はこの通りである。それゆえ第三次世界大戦は避けることができない。

第三次世界大戦に於いて主なる立場に立つものは米国およびソ連である。日本とドイツというものが取り去られてしまった。それがため米国とソ連というものが直接に接触することとなった。米ソ二国の思想上の相違はやむを得ぬ。この見地からみても第三次世界大戦は避けることはできぬ。第三次世界大戦において極東、日本とChinaと朝鮮がその戦場となる。この時にあって米国は武力なき日本を守る策を立てなければならぬ。これは当然米国の責任である。

日本を属領と考えるのであったならば、また何をかいわんや。そうでなしとすれば、米国は何等かの考えがなければならぬ。米国は日本人八千万国民の生きて行ける道を考えてくれねばならない。

およそ生物として、自ら生きる生命は神の恵みである。産児制限の如きは神意に反するもので行うべきでない。

なお言いたきことは、公教職追放や戦犯容疑者の逮捕の件である。いまは既に戦後三年を経過しているのではないか。従ってこれは速やかに止めてほしい。日本国民が正業に安心して就くよう米国は寛容な気持ちをもってもらいたい。我々の処刑をもって一段落として、戦死病者、戦災死者、ソ連抑留者の遺家族を慰安すること。戦死者、戦災死者の霊は、遺族の申出あらば、これを靖国神社に合祀せられたし。

出征地に在る戦死者の墓には保護を与えられたし。従って遺族の希望申出あらば、これを内地へ返還されたし。戦犯者の家族には保護を与えられたし。

青少年男女の教育は注意を要する。将来大事なことである。近時、いかがわしき風潮あるは占領軍の影響からきているものが少なくない。この点については我国の古来の美風を保つことが大切である。

今回の処刑を機として、敵・味方・中立国の国民罹災者の一大追悼慰安会を行われたし。世界平和の精神的礎石としたいのである。

もちろん、日本軍人の一部の間に間違いを犯した者はあらう。これらについては衷心謝罪する。これと同時に無差別爆撃の投下による悲惨な結果については、米軍側も大いに同情し憐憫して悔悟あるべきである。

最後に、最後に軍事的問題について一言する。我国従来の統帥権独立の思想は確かに間違っている。あれでは陸海軍一本の行動は採れない。兵役制については徴兵制によるか傭兵制によるかは考えなければならない。我が国民性に鑑みて、再建軍の際に考慮すべし。再建軍隊の教育は精神教育を採らなければならぬ。忠君愛国を基礎としなければならぬが、責任観念のないことは淋しさを感じた。この点については大いに米国に学ぶべきである。学校教育は従前の質朴剛健のみでは足らぬ。人として完成を図る教育が大切だ。いいかえれば宗教教育である。欧米の風俗を知らすことも必要である。俘虜のことについては、研究して国際間の俘虜の観念を徹底せしめる必要がある。

辞世

我ゆくも　またこの土地に　かへり来ん　国に酬ゆることの　足らねば
さらばなり　苔の下にて　われ待たん　大和島根に　花薫るとき
散る花も　落つる木の実も　心なき　さそうはただに　嵐のみかは
今ははや　心にかかる　雲もなし　心豊かに　西へぞ急ぐ

遺書に学ぶ真実

この遺書を読んで思うのは、次の三つです。

第一に、ひとつの時代を責任者として真剣に生きた人を、後世の平和な日本という環境の中で裁いたり評価したりするのは間違っているということです。もっと謙虚に、そこから「学ぶ」という姿勢が必要なのではないかと思います。

第二に、東條英機は「戦争犯罪者」ではなく、「戦争責任者」であるということです。戦争犯罪者というのは、非常に偏った内容を持つ東京裁判史観による一方的な評価でしかありません。日本のメディアが「鬼畜米英」と「開戦やむなし!」、「ススメ一億火の玉だ!」などといたずらに戦争を煽《あお》っている中にあって、昭和天皇から「そうした煽動《せんどう》を抑えられるのは東條しかいない」と言われて総理の任命を受けたのが東條英機です。

昭和十六（一九四一）年十二月八日に日本は真珠湾攻撃を成功させていますが、その翌日の明け方、開戦回避を熱望していた昭和天皇の期待に応えることができなかった、懺悔《ざんげ》の念に耐えないと、東條英機首相は首相官邸で皇居の方角に向かって号泣《ごうきゅう》したそうです。そういう経緯があったからこそ、総理の職を辞したときに昭和天皇から異例の感謝の勅語《ちょくご》を贈られているのです。有名な話です。

日米が開戦してから約百日、日本は東南アジアではなく米国領だったフィリピンや太平洋においても米国の陸海軍をことごとく打ち破りました。まさに破竹《はちく》の勢いでした。日本国中が勝った勝ったと沸き立ちました。

同じ頃、米国内では負けたという報道ばかりになりました。米国内では負け戦《いくさ》のたびに失われる米兵の生命で国内世論が日米開戦に踏み切ったルーズベルト大統領に対して厳しい怨《えん》嗟《さ》の声が満ち溢れました。米国としてはなんとしても日本に一撃を加えなければならない。そこで行われたのがドーリットル空襲です。これは、陸軍が持っている長距離爆撃機を、海軍の空母から飛ばすことで、日本の東京や名古屋などの都市を空爆しようというものでした。一般人への無差別攻撃ですから、これは明らかにハーグ陸戦条約違反です。その違反を承知で、日本本土空襲を行わなければならないところまで、当時の米国政府は追いつめられていたのです。

こうしてドーリットル空爆は実施されました。現実の被害はたいしたことはなく、「ドゥ、リトルだった」と、日本から揶揄《やゆ》される程度のものでしたが、米国内では、開戦後初めて日本をやっつけたとして、おおいに戦意高揚に寄与しました。

この空爆のとき、撃ち落とされた米軍機の乗員が日本の捕虜になりました。一般人を巻き込んでハーグ条約を破って本土攻撃をしたわけです。これは戦時国際法上において、民間人を狙った虐殺行為として当然処刑されるべきものです。ですから日本の参謀本部は「即刻死刑にすべし！」と東條総理に建言《けんげん》しました。ところが東條総理は許可しませんでした。現行犯として処刑するのではなく、世界中の誰が見ても正当な軍事裁判を行ったうえでことを処理せよ、と命じています。

ひとついえることは、戦争責任者として正しくことを進めようとしても、あるいは人として正しく生きようとしても、相手がそういうことを無視して非道を働くなら、そこでは正義も道理も条理も真実も全部ないがしろにされてしまうのが社会の現実だということです。人の世の正義や真実は、力による正義や力による支配を望む者たちによって、いとも簡単に蹂躙《じゅうりん》されてしまう、それが世の中の現実です。

けれどそうした現実は、結局はごく一部の人の幸せと贅沢《ぜいたく》と、多くの人々の貧困と不幸しか招きません。そのような力による支配や力の正義に、最後の最後まで戦い抜いたのが日本だし、東條英機はその総指揮官として、すべての責任を負い、血の出るような遺書をのこしていかれたのです。

もちろん、戦争の責任がそれによって帳消しになるものではありません。厳しいことを申し上げるようだけれど、責任者とはそういうものです。

けれど戦後七十年以上を経過して、私たちはもういちど冷静に真実はどこにあるのかを、先入観や偽造、変造、捏造《ねつぞう》をとりはらったところで、事実に基づいて冷静に考えてみる必要があるのではないかと思います。

すくなくとも、たとえ相手が著名な学者の先生であろうとも、死を目前にした他人の遺書まで改ざんするような、とんでもない連中のいうことなど、一切信用するに値《あたい》しないと思うからです。

第二章　日本の人物史

昭子さん

遠く離れた異国の地で、最後まで死力を尽くした男たちがいました。女たちがいました。過酷な戦場の中に咲いた一輪の花のような恋もありました。今生《こんじょう》では子は望めないと覚悟した二人が、敵とはいえ少年の命をかばって自らの命を失いました。こうしたひとつひとつが、決して忘れてはいけない私たち日本人の心であり、日本の歴史なのだと思います。

守備隊とともに玉砕した十五名の日本人慰安婦

拉孟《らもう》の戦いは、昭和十九（一九四四）年六月から九月まで、ビルマと中国の国境付近で行われた壮絶な戦いです。守備隊は最後の一兵までこの地を守り抜き、百二十日間という長期戦を戦い抜いて玉砕《ぎょくさい》しました。守備隊千二百八十名のうち、三百名はほとんど体の動かない傷病兵でした。中に十五名の女性たちもいました。

襲いかかった敵は五万の大軍です。是が非でも援蒋ルートを確保したい蒋介石《しょうかいせき》が、国民党最強といわれる雲南遠征軍を拉孟に差し向けたのです。それは米国のジョセフ・スティルウェル陸軍大将が直接訓練を施した、米軍式の最新鋭装備の軍でした。

戦いの末期、守備隊に飛行機で拉孟《らもう》に物資を届けた小林《こばやし》中尉の手記があります。

「松山陣地から兵隊が飛び出してきた。上半身裸体の皮膚は赤土色。スコールのあとで、泥にベタベタになってT型布板の設置に懸命の姿を見て、私は手を合わせ拝みたい気持ちに駆られた。印象に深く残ったものに、モンペ姿の女性が混じって白い布を振っている姿があった。慰安婦としてここに来た者であろうか。やりきれない哀しさが胸を塞いだ」

上空から見た拉孟を死守する我が軍の周囲が全部、敵の陣地と敵兵によって埋め尽くされていました。小林機は低空から二個の弾薬包を投下しました。これに応えて守備隊の兵や女性たちが手をちぎれるほど振りました。小林中尉はこの何分か何十分後かに戦死しているかもしれない彼たち彼女たちの顔を心に刻み込もうと、飛行機から身を乗り出すようにしました。けれど溢れる涙で眼がかすんで前が見えなくなったといいます。

熱い思いに駆られた小林中尉は、弾薬包を投下したあと直《ただ》ちに離脱すべしとの命令だったのですが、敵の弾幕をくぐって急降下してあらんかぎりの銃弾を敵陣に叩き込んだそうです。愛機を敵弾が貫きました。弾が体をかすめました。それでも弾倉が空になるまで撃ち続けたそうです。痛いほど気持ちがわかる気がします。

守備隊に混じっていた女性たちは、軍人ではありません。軍とともに移動してきた慰安婦たちでした。慰安婦といえば聞こえはいいですけれど、要するに売春婦です。現代の倫理では理解できないと思うけれども、売春は人類の社会史始《はじ》まって以来の女性の職業でした。東西の文学にも、パリのオルセー美術館の名作にすら、それは登場しています。まして健康な青年の集団です。どの国の軍隊にもそれは付随しました。ないのは自衛隊くらいではないでしょうか。

それは決して陰惨な存在ではなく、前線に近い日本の兵隊が如何《いか》に彼女たちを大切にし、彼女たちも誠心それに応えたかは、歴戦の下士官であった伊藤桂一《いとうけいいち》氏の著作に屡々《るる》活写されています。彼女たちは戦いがはじまるずっと前に、「ここは戦場になる。危ないから帰れ」と勧められていました。けれど彼女たちは帰りませんでした。なるほど拉孟にいたら生きて帰ることはできないかもしれない。けれど彼女たちは兵士たちと家族のように親しくしていました。男と女の情が通っていたのです。だからそこを離れるということは彼女たちにとって、肉体が生きていても心が死ぬことを意味しました。無理に帰そうとすれば女たちは薄情だと怨みます。彼女たちは自分たちも守備隊の一員と考えていたのです。

こうして二十名いた女性たちのうち、朝鮮人女性五名だけが先に拉孟を離れ、日本人の十五名は戦場に残っていました。

戸山伍長と昭子さん

戸山《とやま》という伍長がいました。戸山伍長は戦いがはじまる前、折に触《ふ》れては女たちの中の菅《すが》昭子《あきこ》という女性につらく当たっていました。昭子さんは熊本県天草から慰安婦としてやってきたとても美しい女性でした。その昭子さんに戸山伍長は、「おまえは道具じゃないか」と罵《ののし》ったのです。腹を立てた昭子さんは、以後、戸山伍長がいくら金を払うと言っても一切そばへも寄せ付けませんでした。

戦いがはじまりました。戸山伍長は爆風で両目を失ってしまいました。看護をしたのは昭子さんでした。

二人は結婚を約束しました。戸山伍長は本当は昭子さんのことが好きだったのでつらく当たっていたことを、女の直感でちゃんと彼女も知っていたし、男っ気の強い戸山伍長に惚《ほ》れていたのです。そして昭子さんは慰安婦としての自分の歴史に終止符を打ち、人の妻として死にたいという女としてのただひとつの願望をかけたのです。

二人は、戦いの中で仲間たちに祝福されながら、さきほど決死隊を見送る際に使った盃《さかずき》に水を注いで三三九度《さんさんくど》をかわしました。けれどそこは戦場です。結婚したところで幸せな家庭も可愛い赤ちゃんも望むべくもありません。

「けれど」と二人は言いました。

「もし来世《らいせ》があるのなら、その来世で心も体も真実の夫婦となりたい」

婚儀の数日後、戦場に戸山伍長と、そばに寄り添う妻昭子さんの姿がありました。昭子さんは、全盲の戸山伍長の眼になって、手榴弾投擲《てりゅうだんとうてき》の方向と距離を目測《もくそく》し伝えていました。

その日の第三波の敵が来襲しました。敵の甲高《かんだか》い喚声《かんせい》を聞いた戸山伍長は、「少年兵？」と昭子さんに聞きました。そして手榴弾の信管を抜こうとした手を一瞬止めました。砲弾が唸《うな》る中、昭子さんは、「十五、六の少年兵ですよ」と叫びました。敵兵とはいえ相手は年端《としは》もいかぬ子供です。昭子さんも躊躇《ちゅうちょ》しました。

そのとき敵の少年兵が投げた手榴弾が夫婦の足元に転がってきて轟音《ごうおん》とともに炸裂《さくれつ》しました。戸山伍長と昭子夫妻はともに壮烈な戦死を遂げました。戦場で死を待つばかりで子を持つことも叶わない二人は、たとえ敵兵といえども、少年を殺すことがはばかられたのでしょう。

日本の軍人精神は東洋民族の誇り

最後の突撃の日、先頭にはその時点で指揮官となっていた真鍋大尉が立ち、その後ろに聯《れん》隊《たい》旗手として黒川中尉、そのまた後ろを、かろうじて動ける兵たちが、一塊《ひとかたまり》になりました。突撃の前に、自力で歩けない兵たちは、互いに刺し違えました。意識のない兵、手も足も動かせぬ重傷兵は戦友がとどめを刺しました。生き残っていた女性たちは、先立った昭子さんを除く十四名でした。彼女たちは何より大切にしていた晴着《はれぎ》の和服に着替えました。そして戦場のススで汚れた顔に口紅をひき、次々に青酸カリをあおりました。この日まで喜びも悲しみも辛さも苦しさも分け合ってきた男たちの運命に殉《じゅん》じ、彼女たちはともに戦死したのです。

この物語には、後日談があります。玉砕の当日、報告行の命令を受けた木下中尉が、奇跡としか言いようのない生還を果たしました。木下中尉は、辛うじて第五十六師団の前線にたどり着いて戦闘の様相を克明に報告しました。

重傷の兵が片手片足で野戦病院を這《は》い出して第一線につく有りさま。

空中投下された手榴弾に手を合わせ、必中の威力を祈願する場面。

尽きた武器弾薬を敵陣に盗みに行く者。

そして十五名の慰安婦たちが臨時の看護婦となって、弾運びに傷病兵の看護に炊事《すいじ》にと健気《けなげ》に働いた姿など、語る木下中尉も、報告を受けた五十六師団の面々も涙あるばかりだったといいます。

この戦いの中、蒋介石が次のような督戦《とくせん》状を発しました。

「騰越《とうえつ》および拉孟において、日本軍はなお孤塁を死守している。（中略）ミートキーナ・拉孟・騰越を死守している日本の軍人精神は東洋民族の誇りであることを学び、これを範《はん》として我が国軍の名誉を失墜させるべからず」

この督戦状は蒋介石が、自軍の督戦のために出したものですが、逆に日本陸軍の優秀さ強さを讃《たた》える内容になっていることから、後に「蒋介石の逆感状」と呼ばれています。

拉孟ばかりではありません。遠く離れた異国の地で最後まで死力を尽くした男たちがいました。女たちがいました。過酷な戦場の中に咲いた一輪の花のような恋もありました。今生では子は望めないと覚悟した二人が、敵とはいえ少年の命をかばって自らの命を失いました。こうしたひとつひとつが、決して忘れてはいけない私たち日本人の心であり、日本の歴史なのだと思います。

浦風親方と雷電為右衛門

相撲《すもう》のことが何かと話題になっています。その相撲と親方について、江戸時代の名力士として名高い雷電為右衛門《らいでんためえもん》を通じて考えてみたいと思います。

史上最強力士を育てた下積み時代

雷電為右衛門は江戸時代の力士で、大相撲史上古今未曾有《ここんみぞう》の「最強力士」と呼ばれている人です。幕下を飛ばしていきなり関脇でデビューしたと思ったら、初場所ですぐ優勝し、以降幕内通算成績は三十六場所で二百五十四勝十敗二分十四預五無勝負です。優勝回数は二十八回。

この時代の大相撲は、年二場所制で、いまは年六場所制です。年六場所制になった現在でも優勝回数は白鵬《はくほう》の四十四回が最高ですから、雷電の年二場所時代の優勝回数二十八が、どれだけすごい成績かわかろうかと思います。ちなみに大鵬の幕内勝率は八三・八%、雷電は勝率九六・二%です。これまた現在に至るも更新されていない記録です。

しかも雷電は、あまりに強すぎたために、相撲にハンデを負わされていたのです。「張り手」「鉄砲（突っ張り）」「閂《かんぬき》」が雷電だけ禁止。それでいてこれだけの成績なのです。もう超人のレベルです。いかに雷電が強かったかわかります。

ところが雷電は横綱ではありません。彼は生涯現役最高位としての「大関」を貫き通しました。横綱は名誉職で、雷電は名誉よりも相撲そのものを選んでのことでした。

その雷電は、十八歳で相撲部屋に入門したものの、親方に命じられてなんと六年間も下積み生活をしています。そしてそのことがまさに雷電の人物を育て史上最強力士として、また人格者としての雷電をいまも伝えています。

雷電の生まれは明和四（一七六七）年です。出身は長野県東御市で、本名を関太郎吉《せきのたろきち》といいました。豪農の子で、幼い頃から体が大きくて力が強かったそうです。それで相撲好きの隣村の庄屋さんの目にとまり、庄屋さんの家で行われていた寺子屋で相撲や読み書きなどを習いました。雷電の書がいまも残っていますが、字を見るといかにも几帳面な教養人らしい字です。

雷電が十八歳のとき、たまたま地元に巡業に来ていた江戸相撲の浦風親方《うらかぜおやかた》が雷電の才能を見抜いて門弟にして江戸に連れ帰りました。そしてすぐに西の大関だった谷風梶之助《たにかぜかじのすけ》の付き人にしました。谷風もまた強い力士だったそうです。いくら体力に恵まれた雷電が村一番の相撲上手でも、さすがに江戸の大関には敵《かな》わない。ほとんど大人と子供のぶつかり稽古《けいこ》で、雷電は徹底的に谷風にしごかれました。

ちなみに相撲取りは体が大きいですから、谷風クラスになると、自分の体の大きさで、大用をしたあとに自分でお尻を拭けません。そのお尻を拭きとるのは付き人の仕事です。親方はこれを雷電にやらせました。

その下積み生活の中で、雷電は相撲の腕をメキメキと上げました。しまいに谷風さえも手こずるほどの実力を身につけました。もはや浦風親方の部屋では雷電に敵《かな》う相手はいません。

部屋では後輩の力士たちが幕内に次々と入るのですが、明らかに実力が上であっても、下積みは下積みです。雷電はその後輩の幕内力士の尻の始末をしなければなりません。それでもなぜか浦風親方は、雷電だけを場所に出しませんでした。同門の他の力士たちは、明らかに雷電より腕が劣っているのに、次々と幕下デビューを飾り、出世していきました。それでも親方は、雷電を場所に出さないのです。もちろん雷電が強いことは浦風親方には、ちゃんとわかっていきます。親方だけではありません。相撲界自体が狭い世界です。浦風親方の部屋にいる雷電は、ものすごく強いやつだと、もう角界の誰もが知っています。そこまでいってもなお浦風親方は、雷電の場所入りを認めませんでした。

苦しみがあればこそわかるもの

そもそも浦風親方は、雷電の素質《そしつ》を見抜いたから、江戸に連れ帰っているのです。そして雷電の稽古《けいこ》をずっと観てきています。ですから誰より雷電の実力を知っています。それでも親方は雷電を土俵に出さなかったのです。

なぜでしょうか。

このことは、古事記を学ぶとよくわかります。ものごとは、裏と表が常に表裏一体です。そして苦しみが大きいほど、人は手に入れたものを大切にするようになるのです。簡単に要職を手に入れた者は、弱いものです。弱いからついつい天狗になってしまうのです。そして自滅します。親方は雷電を、なにものにも動じない本物の力士に育てたかったのです。

イチロー選手もプロ入り当時、比類ない実力を認められていながら、あえて二軍に落とされたりしました。監督もコーチも、イチローの実力はわかっているのです。知らずに二軍に落としているのではなく、知っているから二軍に落としているのです。

こうした姿を見ると最近のメディアは実力があるのに二軍に落とすのは、

「監督には人を見抜く能力がない」

「不審だ、何かウラがあるのではないか」

「疑惑だ、嫉妬だ、おかしい、問題だ」と騒ぎ立てます。しかしメディアは選手の成長と結果に何の責任も持っていません。無責任な素人《しろうと》考えで勝手な批判をしたり誹謗《ひぼう》したり中傷したりするのですが、まるでそれらは現代日本の流行《はやり》の病のようです。そもそもメディアには、選手や力士を「育てる」という概念がありません。ただ話題が欲しいだけです。日常的に選手や力士などと接しているわけでもないし、あくまでも外野の素人にすぎません。

すこし前に流行った「のだめカンタービレ・最終章」という映画がありました。愛する人に憧れてピアノの勉強にフランスに留学した「のだめ」の天才的な才能を音楽学校の教授は見抜きます。教授は彼女の才能を大事に大切に育てようとして、彼女をなかなかピアノの発表会に出しません。周囲はみんな華麗なデビューを飾っています。そんなわけで落ち込んでいる「のだめ」に別な天才指揮者が声をかけ、いきなりコンサート・デビューさせます。世界は、彼女の才能に舌を巻きます。世界中に大センセーショナルが起こります。ところがそのために彼女は逆に潰《つぶ》れてしまうのです。もう二度とあんなすごいピアノは弾《ひ》けないと、ピアノを弾くのが怖くなってしまうのです。

教授は彼女を何があっても負けない強い心を持ったピアニストに育てようとしてあえて彼女をコンサートに出さなかったのです。それを無責任な商業資本が、彼女を担《かつ》ぎあげて潰してしまった。

これはドラマの話ですが、実例もあります。ボクシングのマイク・タイソンです。タイソンといえば、猛烈なハードパンチャーとして有名です。彼はカス・ダマトによってその才能を開花され、ボクシング・ヘビー級の王者になりました。最盛期のタイソンの試合を見ると、まるでブルドーザーです。まるで人間業《わざ》に見えない。ところがダマトの死後、タイソンの才能にドン・キングが目をつけました。ドン・キングは、ボクサーをただのドル紙幣にしか見ない男です。死んだダマトは、生前、ドン・キングだけとは絶対に組んではいけないと言っていました。けれど「俺は強い」と天狗になっていたタイソンはドン・キングのもとに走ってしまうのです。結果がどうなったかというと、タイソンは、まるで試合に勝てなくなってしまいます。あの鮮烈な試合を見せたマイク・タイソンが、まるで試合の精彩を欠いてしまう。勝てないタイソンは、そのストレスから犯罪者に成り下がってしまいます。

どこまでも「人を育てた親方」

たいへんな才能を持った者であればあるほど、ホンモノに育てるというのは、とてもたいへんなことなのです。雷電を育てた浦風親方は、雷電の素養をはじめから見抜きました。だからこそ彼を本物の力士に育てるために、いつ幕内に出しても全勝間違いなしとわかっていながら六年間も見習い力士のまま彼を据《す》え置いたのです。そしてただ相撲が強いだけでなく、書も達者で人格も見事なやさしさのある本物の力士を作り上げたのです。素晴らしい親方です。本当に立派な親方であったと思います。なぜならただ試合に勝つ力士を育てたのではなく、どこまでも「人を育てた親方」だからです。

雷電も、親方の配慮によく耐え、我慢し、人一倍稽古《けいこ》に励みました。そんな雷電にようやく初土俵の話が持ち込まれたのが、寛政二（一七九〇）年十一月のことです。寛政二年といえば、松平定信《まつだいらさだのぶ》が寛政の改革を打ち出していた時代です。雷電は江戸の興行でいきなり西方の関脇付け出しで初土俵を踏みました。番付は、実力者で小結だった柏戸勘太夫《かしわどかんだゆう》よりも上におかれたスタートです。これは普通ではありえないスタートです。

雷電の初土俵の取り組み相手は、大柄な八角《はっかく》という名の猛者《もさ》でした。立ち合いざま雷電は右手一発の張り手を繰り出しました。この一発で大男の八角は土俵の外まで吹っ飛ばされ、その夜へどを吐いて絶命してしまいました。さらに雷電は、この場所で横綱免許の小野川喜三郎《おのがわきさぶろう》とさえ預かり相撲（引き分け）としてしまいます。初場所の戦績は、いきなり上位力士と当たりながら、八勝二預かりとなりました。当時の場所は十日間ですが「負けなし」です。

江戸相撲の一行が、小田原で巡業したときのことです。小田原に大岩というならず者がいました。この大岩が地元で大関を張っていて、これがメチャクチャ強くて江戸力士が挑んでもまるで歯が立ちません。ですから大岩は江戸力士を頭から小馬鹿にしていました。そんな大岩に、かつて投げ殺された力士の遺族が雷電に、「なんとしても仇討《あだう》ちを」と頼むのです。こうして雷電は大群衆の見守る中で、大岩と土俵で対決することになりました。

「時間です。待ったなし。はっけよーい、のこった！」

行司の采配《さいはい》を受けた両者は、互いに土俵の上で激突しました。このとき雷電は、大岩にもっとも都合のよい組み手を意図して取らせました。雷電不利！ と見ている誰もが思いました。ところがおもむろに大岩の腕の外側から自分の腕を回した雷電は、そのまま大岩の両腕を絞め上げます。相撲の荒業《あらわざ》、閂《かんぬき》です。そしてそのまま大岩の両腕の骨を砕《くだ》くと、激痛におののく大岩を土俵の外に振り飛ばしました。

あまりにも圧倒的な強さでした。以後大岩は相撲のできない体となってしまっています。

桁違いの雷電の強さに、相撲界では雷電にだけ、顔への張り手、鉄砲（突っ張り）、閂の三つを禁じ手としました。それでも雷電は勝ち続けました。だから「三手封印されてなお負けぬ雷電」などとも呼ばれました。

日本武道の精神は「心・技・体」

寛政三（一七九一）年、雷電は第十一代将軍徳川家斉《いえなり》から「天下無双」の称号を授けられました。前述のようにそして引退までに通算二十八回の優勝という前人未踏の大偉業を成し遂げました。彼の生涯の勝ち数の二百五十四勝も、当時の相撲興行が年二回、一場所十日制を考えれば、実にとんでもない数で、このように考えますと、雷電こそ現代に至るまでの最多勝ち星の保有者といえます。

雷電は身長一九七センチ、体重一六九キロです。身長体重からすると、ちょうどボブ・サップと同じくらいです。しかも色白でなかなかの美男子だったそうです。

雷電が現役で、勝ち続けていた頃のことです。雷電は巡業の途中、千葉県の佐倉で甘酒屋《あまざけや》ののれんをくぐりました。雷電は大酒飲みだったと伝えられますが、それと同じくらい甘党で饅頭《まんじゅう》や甘酒が大好物だったのです。その甘酒屋でたまたまお店に出てきたのが「おはん」という看板娘でした。お店の娘さんです。雷電はおはんにひと目惚《めぼ》れしました。それから毎日お店に通い詰めたそうです。ところがいまの時代と違います。なかなか「好きだ」とか「惚《ほ》れた」とか言い出せないのです。ただ毎日来ては、おはんさんと目が合うと、大男の雷電が顔を真っ赤にしてうつむいてしまう。はじめは大柄な雷電に恐怖を感じていたおはんも次第に雷電の好意を感じるようになりました。

「どうやら二人ともまんざらではないらしい」

こうなると周りがほっとかなくて、ワシが仲人を務めるだの、いやいやそれは親方であるワシの仕事だだの、もうてんやわんやの騒ぎになって、ついに甘酒屋のご主人に嫁さんにもらいうけたいと正式にご挨拶に伺うことになりました。こうして二人はめでたく結婚します。

その後、雷電為右衛門は、現役力士のまま、出雲国松江藩の松平家のお抱え力士になりました。こうなるとおはんも武家の妻です。そこで名前を「八重」と改めました。

雷電は角界引退後も藩の相撲頭取に任ぜられました。けれど松江藩の財政の悪化から改易《かいえき》となり以降は妻の実家の佐倉市臼井台で暮らしました。

文政八（一八二五）年、雷電は五十九歳で短い命を終えました。同じ歳だった八重も雷電のあとを追うかのように二年後に亡くなりました。歳を重ねても二人は傍《はた》で見ていても恥ずかしくなるほど仲良し夫婦だったそうです。

雷電は、ただ強いだけの相撲取りではなく、諸国を巡業するたびその土地の詳細な風俗や状況を書き遺《のこ》しました。それが「諸国相撲控帳」です。楷書で丁寧に書かれたこの「控帳」は、いまでも当時の各地の状況を知る第一級の史料となっています。たとえば秋田の巡業で大地震に遭遇したときは、町の復興に怪力を活かして手を貸すかたわら、当時の状況を次のように記しています。

「出羽鶴ヶ岡へ向かおうと六合から本庄塩越へ向かって歩きました。六合のあたりから壁が壊れ家がつぶれて石の地蔵も壊れ石塔も倒れています。塩越では家々が皆ひしゃげていて大きな杉の木が地下へもぐっていました。喜サ形（象潟）というところでは引き潮の時でもひざのあたりまで水がありました」

まるで情景が目に浮かぶようです。

日本武道の精神は「心・技・体」です。なにものにも負けない強い心を鍛え、そのために技を磨き、結果として体力が身につくとされます。西洋の格闘技は「力と技」です。筋力があり技がきれて試合に勝てればそれで良い。人柄は問題になりません。だから試合に勝つとリングのコーナーロープに上ってガッツポーズをして猛獣のように吼《ほ》えます。興行としてはおもしろいかもしれません。しかしどんなに試合に勝ったとしても、心が貧しくて人格が歪んでいたら人間として失格です。

日本武道は試合に勝つことより己《おのれ》に厳しい心を涵養《かんよう》することが奨励されました。だから最強の力士は最高の人格者であることも求められました。雷電の勝ち手は常に壮絶なものだったけれど、彼は勝って驕《おご》らず敗者にも謙虚にやさしく接しました。勝負というものは、どんなときにも勝敗があるものです。雷電だって生涯勝ち続けたわけではなくて、すくなくとも十番は負けています。

勝つことはもちろん大切なことです。しかし勝つというのは何も試合に勝つことだけを意味するのではありません。それ以上に人としての強さやさしさが備わって相手を調伏《ちょうぶく》できる「心」こそ、武道においてもっとも強く求められるものとされてきたのが日本です。

最近では、相撲も興行をおもしろくするために、勝った力士がプロレスみたいにガッツポーズをとった方がいい、などという評論家もいるようです。間違っていると思います。勝ってなお驕らない。自分で誇らなくたってちゃんとお客さんは見てくれているのです。それが日本の相撲《すもう》です。

日本は中国や韓国からみると「わけのわからない国」なのだそうです。彼らが喉《のど》から手が出るほど欲しいもの、歴史、伝統、教養あふれる国民、おかみを信頼する従順な国民、安心して生活できる清潔な町、豊かで安心して食べられる食品、便利な暮らし、高い経済力等々、それらすべてを日本は持っています。ところが日本人は、ちょっと特亜人が脅かせばすぐにヘコヘコするほどおとなしくて弱腰です。彼らは自分たちはこんなにスゴイと常に言い張っているのに、世界中から高く評価されているのはいつも日本人です。だから勝手な妄想をして日本に対抗心を抱き、これでもかというほど日本を貶《おとし》めて自分たちのすごさを誇ろうとします。これは現役のプロレスラーが、体を鍛え試合に勝って、俺はこんなに強いんだと内外にアピールしているのに、世間はいっけんひ弱な日本に軍配をあげているようなものです。だから彼らは余計に意固地になって俺は強いんだ、俺はすごいんだ、と言い張ります。でも勝てない。そういう彼らの持つ臭《くさ》みそのものが、人々の心を離れさせているのに、それにさえ気付かない。このことは日本人からみると幼稚に見えます。人としての鍛え方が足らないと見える。

雷電が六年間も親方から幕内出場を許されなかったこと。そうすることで雷電は人として成長し、誰にも負けない実績を残し、逝去《せいきょ》してすでに二百年も経《た》っているのに、雷電を凌《しの》ぐ力士が現れないほどの大物になりました。それは雷電の試合での強さばかりではない。雷電が浦風親方から鍛えられた心の成長の成果です。

和気清麻呂に学ぶ

和気清麻呂《わけのきよまろ》は「みかん」を食べながら読んでいただきたいお話です。

文官中、最高の栄誉を持つ和気清麻呂

幕末、ペリーが来航する二年前の嘉永四（一八五一）年、明治《めいじ》天皇の父にあたる孝明《こうめい》天皇は和気清麻呂に神階正一位《しんかいしょういちい》と「護王大明神《ごおうだいみょうじん》」の神号を贈られました。これは我が国の「文官」としてなしうる最高の栄誉です。ところがシビリアンコントロールが大事だとか、武官による政治は良くないなどと主張する左翼や、戦後の教育界の方々は、どういうわけかまさに我が国文官中、最高の栄誉を持つ和気清麻呂に触れようとしません。戦前にはお札《さつ》の肖像画にさえなっていた人なのに、児童向け図書にも和気清麻呂を描いた本は、ほとんど見当たりません。アマゾンで調べてみても和気清麻呂について書いた本は、西暦二〇〇〇年以降では久井《ひさい》勲《いさお》氏の一冊があるだけです。

和気清麻呂は備前国の藤野郡の生まれです。ここは現在では岡山県和気町となっていて、選挙区でいいますと岡山県第三区、平沼赳夫《ひらぬまたけお》先生の地元となります。平沼赳夫先生は父が第三十五代内閣総理大臣の平沼騏一郎《きいちろう》、曽祖父の平沼淑郎《よしろう》が第三代の早稲田大学総長です。

さて和気家は、第十一代垂仁《すいにん》天皇、御在位紀元前一世紀頃の第五皇子である鐸石別命《ぬてしわけのみこと》を祖先に持ちます。垂仁天皇は河内の高石池や茅渟《ちぬ》池など、諸国に多くの池溝《うなて》を開いて農業を盛んにした天皇です。また、日本における殉死《じゅんし》を禁じたのも垂仁天皇、和菓子の開祖とされる田道間守《たぢまもり》に命じて、常世国に妙薬の非時香菓《ときじくのかぐのこのみ》を求めに行かせたのも、垂仁天皇です。

田道間守は十年かかって、おそらくインドから菓子を持ち帰るのですが、そのときには垂仁天皇はすでに崩御《ほうぎょ》されていて、そのことを嘆き悲しんだ田道間守は御陵《ごりょう》で断食をして亡くなったといわれています。つまりそれほどまでに垂仁天皇は民衆から慕われた天皇であったということです。

このとき田道間守が持ち帰った不老不死の霊薬とされたものが、「橘《たちばな》」で、これが改良に改良を加えられて、現在の「みかん」になりました。ですから「みかん」は、日本の代表的な原産果物で、欧米でも「みかん」は「Mikan」と、日本語の名前がそのまま使われています。

和気清麻呂を毎年秋頃にねずブロに書いているのも、「みかん→田道間守→垂仁天皇→和気清麻呂」と続くからで、いささかこじつけめいて聞こえるかもしれませんが、オレンジ色のミカンが店頭に並んでいる姿を見ると、なぜかどうしてもこの連想から和気清麻呂が浮かんでしまいます。

清麻呂の姉、和気広虫

さて垂仁天皇の第五皇子の鐸石別命《ぬてしわけのみこと》の曽孫が弟彦王《おとひこのおう》で、この王は神功《じんぐう》皇后の朝鮮征伐に出征されています。ちなみにここに「王」という記述がありますが、王は皇の下に位置する概念だということが、この記述でご理解いただけようかと思います。

その遠征のあと、都に帰ろうとする神功皇后を忍熊王《おしくまのおう》が襲撃します。これを撃退したのが弟彦王で、この勲功によって弟彦王は、備前・美作に封じられ、代々この地で郡司《ぐんじ》として栄えることになります。その弟彦王の末裔《まつえい》が和気清麻呂になるわけです。

和気清麻呂は天平五（七三三）年の生まれで、三歳上に姉の和気広虫《わけのひろむし》がいました。姉は成人すると奈良の都にのぼって宮中の女官の采女《うねめ》になりました。弟の清麻呂は姉を追いかけるように都にのぼって舎人《とねり》になりました。舎人は「刀禰人《とねり》」とも書きますが、これは宮中の警固を行う武官のことです。ちなみに「刀禰人」の「り」は「人」ですが、これは「一人」と書いて「ひとり」と読むのと同じです。これは「官吏《かんり》」の「吏《り》」も同じです。「刀禰《とね》」は、漢字の意味からすると「禰い《うつくし》刀《かたな》」です。

もともとは公務を預かる優秀な役人のことで、いまで言ったら上級国家公務員にあたります。その刀禰たちは、日常的に腰に刀を佩《は》きましたから「とねり」と呼ばれました。つまり和気家の姉弟は、そろって都にのぼって天皇のお側《そば》にお仕えすることになったわけで、これはとても名誉なことでした。

二人の姉弟は、都で一緒に下宿暮らしをしていました。互いによく助け合う仲の良い姉弟でした。姉の広虫姫は十五歳（いまの十四歳）で、中宮に勤める葛木戸主《かつらぎのへぬし》と結婚しました。夫の葛木戸主はたいへんに心やさしい人柄で、戦乱や飢饉《ききん》で親を亡くした子供がたくさんいたことを悲しみ、孤児たちを引き取って育て、子供たちが成人すると彼らに葛木の姓を名乗らせたりしていました。広虫はそんな夫をよく助け、明るく子供たちの面倒をみる妻でした。ちなみにこれが現代でも続く「里親制度」のはじまりで、西暦でいうと七四〇年頃のことです。

ちなみに西洋では、孤児たちの引き取り手は多くの場合、病院や教会、あるいは奴隷商人でした。十三世紀のブレシアでは、「異教徒、売春婦、孤児は町およびその周辺に存在してはならない。かくまった者には罰金を課す」という法律まであったほどです。つまり社会から排除するという仕組みしかなかったわけですが、日本では、早くも八世紀には里親制度がスタートしているわけです。

さてそんなやさしい夫ですが、その夫が突然亡くなってしまいます。悲しみから広虫は出家して尼になり、法名を「法均《ほうきん》」と名乗りました。すると出家前の功績から、朝廷は広虫に「進守大夫尼位」を授けてくれました。

道鏡から皇位を守った清麻呂姉弟

天平宝字八(七六四)年、太政大臣を務めていた藤原仲麻呂《ふじわらのなかまろ》が乱を起こしました。別名「恵美押勝《えみのおしかつ》の乱」です。この乱は簡単に言うと、大手新興宗教団体の教祖が政権を壟断《ろうだん》して天皇の地位までも簒奪《さんだつ》しようとしているという情況に、時の総理大臣が私兵を率いてこれを倒そうとして、逆に国軍を牛耳《ぎゅうじ》っていた教祖側によって鎮圧《ちんあつ》されてしまった、という事件です。

乱を起こした総理、つまり藤原仲麻呂は首を刎《は》ねられ、さらにその仲間となった貴族たち三百七十五人が連座で逮捕されました。このとき逮捕された人たちを全員死罪にすべきという意見が道鏡《どうきょう》の側から強く出たのですが、尼となっていた広虫が称徳《しょうとく》天皇に助命減刑を願い出て「死罪はなし」とされています。そしてこの乱によって親を亡くした子供たち八十三人を広虫姫は養育して彼らに夫の葛木の姓を与えています。

さて、その五年後の神護景雲三(七六九)年、得意絶頂にあった道鏡がついに事件を起こしました。なんと皇位を簒奪しようとしたのです。

もともと道鏡は河内国弓削郷(大阪府八尾市)出身の僧侶です。孝謙《こうけん》上皇の看病に成功したことで寵愛《ちょうあい》され、太政大臣禅師、ついで法王の位を授けられていました。宿敵である藤原仲麻呂はすでに殺害しています。もはや道鏡の権勢欲を邪魔する者は誰もいないという情況でした。道鏡はこの年の五月、天皇のもとに「宇佐八幡の神託《しんたく》」と称して、「道鏡に天皇の位を与えれば、天下は太平になる」と言い出しました。話を持ち出したのは大宰主神である習宜阿曽麻呂《すげのあそまろ》でした。かりにも宇佐八幡の御神託だというのです。しかしその内容は臣下の身である道鏡が皇位を継ぐという前代未聞の珍事です。称徳天皇はことの重大さに思い悩みました。

神託には神託で対抗するしかありません。そこで称徳天皇は、夢枕に八幡大菩薩の使いが立たれたとして、その使いが真の神託を伝えるので、法均（広虫姫）を遣わすように告げたとして、法均（広虫）に、その使いを命じたのです。

ところが命じられた側の法均（広虫）は、このとき病に臥《ふ》せっていて、長旅に耐えられません。そこで弟の和気清麻呂に、その勅使の代行をさせるようにと願い出ました。これは神話の時代から続く日本の伝統的風習で、命令を受けた者が別な誰かを推薦してその者が命令の遂行者になるということは、その遂行者が行った結果に、直接命令を受けた者も連帯して全責任を負うということです。ですからこの場合、勅命を受けた広虫と勅命を実行する和気清麻呂は、勅命に対する連帯債務者となります。

このとき和気清麻呂三十七歳、近衛将監《このえのしょうげん》として美濃大掾《だいじょう》を務めていました。話を聞いた道鏡は和気清麻呂を呼ぶと、

「ワシが天皇になれば、汝に大臣の位を授けよう」と誘惑します。もちろんこれは、逆に「ワシに逆らえばお前たち姉弟の命はないものと思え」という脅迫でもあります。

清麻呂は、姉の広虫姫と、国の行く末について話し合いました。そして姉の助言を心中深く受け止めました。いよいよ神護景雲三（七六九）年六月末、宇佐八幡の神託の真偽《しんぎ》を確かめるため、和気清麻呂は勅使として都を旅立ちました。出発に先立ち称徳天皇はひそかに清麻呂に一首の歌を贈りました。

西の海　たつ白波の　上にして　なにすごすらん　かりのこの世を

「西の海」というのは、西方浄土を想起させます。つまりこれは仏教界の海、つまり大御所である道鏡のことです。

「たつ白波」は、その道鏡が立てた波風（白波）です。

「上にして」は、道鏡を天皇に就任させるということです。

「なにすごすらん」「かりのこの世を」は、現世をどうして過ごせましょうかです。

つまり称徳天皇は、どうして臣下であり万世一系の血筋のない道鏡を天皇にしなければならないのか。それをしてしまったら我が国は易姓革命の国である中国と同じになってしまうではないか。そのようなことをしたら、日本は政権をめぐって血で血を洗う国になってしまう。だから道鏡の要求は絶対に認められないというメッセージを和歌に託《たく》したのです。なぜ称徳天皇が清麻呂に「和歌で遠回しに託す」ことをするのか、どうしてはっきりと道鏡や他の貴族たちにダメだと言わないのかと疑問を持つ方もおいでかもしれません。実はそこが日本の統治のいちばん大切な肝《きも》にあたる部分です。

上古の昔から「天皇は政治権力を持たず、その行使もしない」というのが日本のカタチです。天皇は我が国の頂点におわす方ですが、その天皇が直接政治権力を揮《ふる》えば、天皇は国家最高権力者になってしまいます。すると大陸や半島の諸国の王朝と同じで、民衆は人でなく権力者の私物私有民となってしまいます。つまり民が権力の奴隷となってしまうのです。ですから日本の天皇は古来政治権力を持たず、国家最高権力者よりも、さらに上位の国家最高権威となりました。そしてその国家最高権威が民衆を「おほみたから」としたのです。もちろん権力は民衆を支配します。しかしその民衆は国家最高権威の「おほみたから」なのです。つまりこれによって、民衆は権力の奴隷とならず、また権力は私的に行使するものではなく、どこまでも「おほみたから」である民が豊かに安心して安全に暮らせるようにするために用いられるものとなるのです。これを古い大和言葉で「シラス（知らす、Shirasu）」といいました。

ところが道鏡は、孝謙上皇に寵愛されたことを良いことに政治権力を手に入れるや、国家の最高権威までをも私的に独占しようとしたわけです。そうなると国家最高権威と国家最高権力が日本において一体化することになります。するとその社会は、皇臣民が鼎立《ていりつ》する社会ではなくて、支配者を頂点とするピラミッド社会となります。それは上下関係だけしかない社会です。上下関係だけしかない社会では、上に立つ者から見たとき、その下にいる者は、全員が人の形をしたただの私物、つまりモノになります。私物であれば、殺そうが奪おうが上に立つ者の勝手です。そのような形をした人や組織や国家は、二十一世紀となった現在でも世界に残っています。いまの日本にも蔓延《まんえん》しようとしています。そしてそうした支配と隷属の社会を求める人たちは、一様に圧倒的多数の人々の自由や富を奪い収奪します。そして下の者には残虐な暴力がまかり通ります。

それがわかるから称徳天皇は道鏡の神託を退《しりぞ》けたいのです。しかしここが大事なのですが、称徳天皇が直接具体的にそのような指示を出したら、それは天皇の政治権力への介入になります。天皇が政治権力者となって直接政治権力を揮うことになるのです。すると道鏡よりも前に、道鏡が行おうとしている専横政治を天皇自らが行ってしまうことになる。それはできないことです。

したがって称徳天皇は、政治権力者である高官に道鏡の神託を退《しりぞ》けてもらわなければなりません。ところがその政治権力のトップが道鏡であり、それ以下の者は道鏡の権力と財力におもねって道鏡の言いなりです。すでに道鏡の富と権力と財力に取り込まれているのです。

称徳天皇は、こうした情況の中で大御心を和歌に託されておいでになります。

和歌はいっけんすると、これから大分県にある……つまり奈良の都から見て西の方角にあって海を渡った先にある宇佐神宮に向かおうとする和気清麻呂の無事な航海を願っただけの歌にも見えます。けれど和歌というものは、相手の気持ちを察する文化です。詠み手の心を読み手が察するのです。その察する技術を磨くのが和歌の世界です。

さて、宇佐八幡宮は大分県宇佐市に鎮座する武神です。宇佐八幡社に到着した和気清麻呂は、身を清め心を鎮めて八幡大神に宝物を奉《たてまつ》り宣命文《せんめいぶん》を読もうとしました。すると禰宜《ねぎ》の辛嶋勝与曽女《からしまのすぐりよそめ》が、

「すでに道鏡を皇位に即《つ》けよという神託が下されているのだから、あらためて宣命を奉る必要はない」と、宣命文の読み上げを拒《こば》みました。これは不思議なことです。和気清麻呂は不審を抱きました。そしてあらためて与曽女に言いました。

「これは国家の大事です。そして私は勅使です。その勅使の前に、託宣があったとは信じ難いことです。その神託というのを私の前に示してください」

与曽女は答えられません。そこで和気清麻呂は、あらためて八幡大神に宣命の文を奏上し

て大神の御神託を受けました。このくだりは、実はものすごい迫力を感じるところです。要するに和気清麻呂到着前に、道鏡によって八幡宮に政治的金銭的な圧力がかかっていたのでしょう。だから禰宜《ねぎ》の与曽女は和気清麻呂を拒んだのです。このようにすでにできあがっているシナリオをひっくり返すというのは、並み大抵のことではできません。相当の覚悟と迫力がなければできないことです。このあたりの和気清麻呂には、武人にも劣らない気迫を感じます。

伝承によれば、重ねて神託を申し出た和気清麻呂の前に、身長三丈（九メートル）、満月の如く輝く神々《こうごう》しい八幡大神が姿を現し、厳《おごそ》かに真の御神託が降ろされたとあります。そしてその御神託は、「わが国家は開闢《かいびゃく》より君臣定まれり。臣をもって君となすこと、未だこれあらざるなり。天《あま》つ日嗣《ひつぎ》は必ず皇緒《こうちょ》を立てよ。無道の人は、よろしく早く掃《はら》い除くべし」というものでした。ここで描写されている「身の長三丈で、満月の如く輝く神々しい八幡大神」というのは、八幡大菩薩がそのお姿を現したというよりも、このときの和気清麻呂の迫力が、まさに「身の長三丈」の神々しさを湛《たた》えたものであったのかもしれません。

　こうして八幡大神の御神託は「道鏡の皇位を認めない」と下されました。和気清麻呂はいそぎ都へ帰り、すぐに参内すると群臣が見守る中、神託の通りの報告をし、重ねて、「道鏡を掃い除くべし」と奏上しました。その席には道鏡もいました。道鏡にしてみれば、事前に宇佐神宮にちゃんと手を打っていたのです。報告は道鏡を皇位に就《つ》けよというものであるはずでした。ところが清麻呂の報告はその反対だったのです。このとき道鏡は「憤怒《ふんぬ》の形相《ぎょうそう》で烈火のごとく怒った」と記録は伝えています。和気清麻呂のひとことで道鏡のすべての野望がおしゃかになったのです。

　しかしたとえ皇位に就けなかったとしても、道鏡はこの時点で政治上の最高権力者です。激怒した道鏡は、和気清麻呂を呼び、名を「別部穢麻呂《わけべのきたなまろ》」と改名するよう命じます。さらにこれだけでは飽き足らず、和気清麻呂を大隈国（鹿児島県牧園町）へ流刑にし、さらに姉の法均（広虫）についても、強制的に還俗させたうえ、名を「別部狭虫《わけべのさむし》」と改めさせて備後国（広島県三原市）に流罪《るざい》にしてしまいました。このときに和気清麻呂を大隅国に流刑にしたところにも、道鏡の底知れぬ悪意と底意地の悪さを感じます。というのは大隅国は神武天皇の御生誕の地だからです。そこには神武天皇のご両親の陵墓もあります。つまり大隅は、この時代における聖地です。聖地ですから大隅には国司もいません。太古の昔のままの状態で大切にされ続けていた土地だったのです。その大隅に清麻呂を飛ばしたということは、「お前が神武天皇にはじまる万世一系の天皇をどこまでも奉じるというのなら、初代天皇の聖地で死ぬまで過ごしておれ！」というメッセージです。言い換えれば、この流罪事案ひとつをとってしても、道鏡が我が国における天皇の存在の理由とありがたさを、頭から否定し、自分が最高権力者としての皇帝になろうとしていたということがわかります。

それだけではありません。大隈国に流罪となった和気清麻呂は、旅の途中で道鏡の放った刺客に襲撃を受けています。ところがこのとき不思議なことが起きています。激しい雷雨の中、どこからともなく勅使が現れて、わずかに死を免れたのです。まさに九死に一生を得る旅でした。

しかし罪人として輿《こし》に入れられて、何日もかけて護送されたのです。大隅（鹿児島県）に到着する前に、通り道となる大分の宇佐八幡に、お礼のためにと和気清麻呂は参拝しようとしたのですが、すでに脚が萎《な》えて歩くことができない。ようやく宇佐の近くまで来たとき、なんと山から突然三百頭の猪《いのしし》が現れて、清麻呂の乗った輿の前後を守りながら、八幡宮まで十里の道を案内してくれたとあります。参詣《さんけい》当日には不思議なことに、和気清麻呂の萎えていたはずの足は、なんと元通りに治っていた！　この故事から猪は清麻呂の守り神とされ、いまでも和気清麻呂のゆかりの神社には、狛犬《こまいぬ》の代わりに「狛いのしし」が安置されています。

備後国に流された姉の広虫はどうなったのでしょうか。彼女は備後できわめて貧しい暮らしをさせられていました。弟のことや都に残してきた養育している子供たちのことを思い、淋しくつらい日々を過ごしていました。ところがそんなある日、都から干し柿が届くのです。広虫姫が育てていた子供たちが義母の身の上を心配して激励の手紙を添えて食べ物を送ってくれたのです。

シラス国づくりに尽くした清麻呂

さて神護景雲四（七七〇）年八月、称徳天皇が五十三歳で崩御され、第四十九代光仁《こうにん》天皇が即位されました。即位された光仁天皇は道鏡を罷免《ひめん》し下野国（栃木県）の薬師寺別当に左遷しました。古来、天皇は政治には関与しません。そして天皇が親任した政治権力者は、親任した天皇によって罷免《ひめん》されることはありません。けれど天皇が崩御され、次の天皇が即位されるとき、新たな天皇がその人物を親任するかどうかは、その新たな天皇の裁量によります。こうして光仁天皇はついに道鏡を罷免したのです。

そして人事を一新した太政官は、大隅の備後に飛ばされていた和気清麻呂と、姉の広虫姫の流罪を解き、二人を都に帰朝させました。そしてもとの姓名に戻させ二人の名誉を回復したのです。

光仁天皇の跡を継いだのが第五十代桓武《かんむ》天皇です。桓武天皇の時代に、太政官は道鏡のように、信仰を利用して己の私欲を満たそうとする者の政治への関与を防ぐために、あらためて風水を立て、都を葛野方面に移設することを計画しました。こうして行われたのが平安京遷都《せんと》です。そしてこの計画を提案したのが和気清麻呂です。清麻呂は桓武天皇のもとで平安京造営大夫となり、新都造営に手腕を振るいました。そしてついに延暦十三（七九四）年に京の都が完成し、この年の十月に遷都が行われました。

都づくりに手腕を発揮した和気清麻呂は、続けて河内と摂津の国境に水利を通じたのをはじめ、京阪神一体の治山治水事業を推進して民の生活の安定を図りました。そして平安遷都の五年後の延暦十八（七九九）年、六十七歳で永眠しています。

『日本後記』は和気清麻呂について、「人と為り高直にして、匪躬《ひきゅう》の節有り。故郷を顧念して窮民を憐れみ忘るることあたわず」と絶賛しています。

また同書は広虫についても、「人となり貞順にして、節操に欠くること無し。未だ嘗《かつ》て法均の、他の過ちを語るを聞かず」と、慈悲深く人の悪口を決して言わない高潔な人柄を讃えています。

こうして和気清麻呂の活躍によって皇統は護られました。そして嘉永四（一八五一）年、孝明天皇は和気清麻呂の功績を讃えて「神階正一位」と「護王大明神」の神号を贈られ、さらに明治三十一（一八九八）年に、薨後千百年を記念して贈正三位から位階を進めて贈《ぞう》正一位を和気清麻呂に与えました。

和気清麻呂は、戦前は十円紙幣に肖像画が印刷され、さらに皇居近くの大手濠緑地に和気清麻呂の銅像が建てられています。私たちの国の根幹である民を守る、公と私のけじめをつけるというシラス国を、個人の欲得によって簒奪《さんだつ》しようとする人は、様々な時代に登場します。こうした者たちは、巨大な権力と財力を持っていますから、権力や金力に群がる亡者たちを利用して、さらに一層自らの権威権勢を高めようとします。そしてこのような者たちが跋扈《ばっこ》する時代には、必ず、藤原仲麻呂のように、反乱者として首を刎ねられたり、あるいは連座した三百七十五人のように、つらい仕打ちを受けることになります。和気清麻呂も別部《わけべの》穢麻呂《きたなまろ》というひどい名前を与えられ、暗殺までされそうになり、すでに高齢となっていた姉までも流罪にさせられるというひどい仕打ちを受けました。同様のことは、幕末においても、吉田松陰《よしだしょういん》、橋本左内《はしもとさない》、河井継之助《かわいつぎのすけ》、頼三樹三郎《らいみきさぶろう》、安島帯刀《あじまたてわき》、梅田雲浜《うめだうんぴん》などが死罪となり、またそれ以前にも天誅組の中山忠光《なかやまただみつ》などが殺害されています。

権力と財力によって、民衆を支配することを、日本の古い言葉で「ウシハク」といいます。ウシハクはシラスに内包されたとき、初めて民衆が真に大切にされる社会が生まれ育《はぐく》まれます。ウシハクだけなら収奪社会にしかならないし、シラスだけでは横暴や暴力を食い止めることができないからです。そしてこのことが一部の思想家や権力者に蘇《よみがえ》っただけでは日本は変わりません。みんなの気持ちが、シラス国をあらためて求めるようになったとき、シラスは蘇り、日本の国体が正常化します。ウシハクに抗してシラス国を護ろうとする者には必ず試練が襲いかかります。けれどそれを護り抜いたとき、古くて新しい本当の日本の未来が拓《ひら》けるのです。

和気清麻呂のような人物が歴史の節目節目に現れることによって日本の国柄は護られてきました。和気清麻呂は奈良時代末から平安時代初期に生きた、いまから千三百年も昔の人です。しかしその心は、現代日本にもいまだしっかりと息づいています。

こんどはひとりひとりの日本人が和気清麻呂になる番です。

ザビエルの言葉

フランシスコ・ザビエルが日本にやってきたのは、日本が歴史上もっとも国が荒れたとされる戦国時代のことでした。その戦国時代の日本を見たザビエルは、なんと日本が「今までに発見された国民の中で最高」と述べています。

ザビエルが見た戦国時代の日本

フランシスコ・ザビエルの日本に関して述べた有名な言葉があります。

「この国の人々は今までに発見された国民の中で最高であり、日本人より優れている人々は異教徒の間では見つけられない。

彼らは親しみやすく、一般に善良で悪意がない。驚くほど名誉心の強い人々で、他の何ものよりも名誉を重んじる。大部分の人々は貧しいが、武士も、そういう人々も貧しいことを不名誉と思わない」

フランシスコ・ザビエルといえば、天文十八（一五四九）年八月に日本に初めてキリスト教を伝えた人として有名です。ザビエルが日本に滞在したのは同年から天文二十一（一五五二）年十一月までの三年三ヶ月です。その間ザビエルは、鹿児島、山口、京都とめぐって布教活動を行ったと、ここまでは教科書によく書いてあることです。

問題は、ザビエルの見た日本です。右の評価をザビエルがしたのは、日本が日本文化を円熟させた江戸時代のことではありません。天文十八（一五四九）〜天文二十一（一五五二）年というのは日本が戦国時代だった頃《ころ》です。

天文十八（一五四九）年といえば、徳川家康《とくがわいえやす》がまだ松平竹千代《まつだいらたけちよ》という名の少年だった頃の時代です。この年竹千代は駿府の今川義元《いまがわよしもと》に人質として送られています。また天文十九（一五五〇）年といえば、前田利家《まえだとしいえ》が十四歳で信長に仕えた年、信長の守役だった平手政秀《ひらてまさひで》が、うつけ者と呼ばれた信長を諫《いさ》めるために切腹したのが、ザビエルが日本を去った翌年です。要するにザビエルが見た日本は、戦国まっただ中の時代だったわけです。

みなさんは戦国時代と聞くと、どのような時代を思い浮かべるでしょうか。おそらく学校で教わり、テレビや小説の時代劇で知る戦国時代は、戦国大名という戦《いくさ》ばかりやっている荒っぽい人たちが闊歩《かっぽ》した時代で、部下が殿様を殺す下克上《げこくじょう》があたりまえ、あらゆる権威が崩れ、次々と起こる戦に、田畑は荒され野山は荒野となり庶民は飢え国は荒れ、巷《ちまた》には野盗軍団である野武士が跋扈《ばっこ》して庶民や農民から強盗や強姦を繰り返していた、そんなイメージを鮮烈に焼き付けられているのではないかと思います。

　ところが実際にその時代を自分の足で歩き見て聞いたザビエルは、その戦国期の日本を「この国の人々は今までに発見された国民の中で最高であり、日本人より優れている人々は異教徒の間では見つけられない」と絶賛しているのです。ザビエルはこの言葉の中で、異教徒という言葉を用いています。この時代彼らにとっての異教徒というのは蛮族です。当時の西洋人にとっての異教徒は、映画に出てくるバンパイヤ（吸血鬼）やリカント（狼男）と同じで「人」ではありません。人の姿をした「獣《けだもの》」です。ところがその異教徒の国である日本を、ザビエルは「今まで見た国の中で最高」と述べているのです。これはいってみれば猿の社会を、人間の社会より美しい国、美しい国民と評価するようなものです。異教徒でありながら優れた文化を持った国だと、ザビエルは評価しているのです。そしてその「最高の評価」が与えられた日本は、日本人から見たら、もっとも国が荒れた戦国時代の日本なのです。

戦国時代から高い日本の民度

　これはいったいどういうことなのでしょうか。みなさまにもこのことの意味を考えていただきたいのです。もしみなさんがザビエルの立場にある宣教師だったとして、いまの日本を見たとき、ザビエルと同等の評価をするでしょうか。もし「しない」のであれば、それは世が荒れたといわれる戦国時代よりも、いまの日本の方が、よほど民衆の心が荒《すさ》んでいるということになります。

実際には、最近発見された戦国時代の日記などの記録を見ると、後世の我々が「戦国時代」と名付けた時代も江戸時代も、日本人の心はまるで変わっていないことに驚かされます。つまり日本人は、戦国期においても文化が円熟したとされる江戸期においても、同様に勤勉でまじめで人を大事にし、ひとりひとりが自らの成長に励み、人々が互いに助け合い、たとえ貧しくても立派に生きることを選択した、非常に民度の高い国民だったのです。

エドワード・モース（Edward Sylvester Morse）は、明治十（一八七七）年から明治十五（一八八二）年にかけて三度にわたって来日したアメリカの教授です。日本の大森貝塚の発見や、ダーウィンの進化論を日本に伝えた人でもあります。そのモースが日本での体験談を『Japan Day by Day』という本にしています。明治十（一八七七）年頃の日本の姿を紀行文として著《あらわ》した本で、当時の日本を客観的に観察した本としてたいへんに値打ちのある本です。すこし引用してみます。

■世界中で日本ほど、子供が親切に取扱われ、そして子供のために深い注意が払われる国はない。ニコニコしている所から判断すると、子供達は朝から晩まで幸福である。

■外国人の筆者が一人残らず一致することがある。それは日本が「子どもたちの天国だ」ということである。
■この国の子どもたちは親切に取り扱われるばかりではなく、他のいずれの国の子どもたちよりも多くの自由を持ち、その自由を乱用することはより少なく、気持ちのよい経験の、より多くの変化を持っている。
■世界中で両親を敬愛し、老年者を尊敬すること、日本の子どもに如くものはない。汝の父と母とを敬愛せよ、これは日本人に深くしみ込んだ特性である。
■日本人のきれい好きなことは、常に外国人が口にしている。日本人は、家に入るのに、足袋以外は履いていない。木製の履物なり、わらの草履なりを、文字通り踏み外してから入る。最下級の子どもたちは家の前で遊ぶが、それにしても地面でじかに遊ぶことはせず、大人がむしろを敷いてやる。

モースは明治十九（一八八六）年にも『Japanese Homes and their Surroundings』という本を書いています。そこには次の記述があります。

■レインをはじめ文筆家たちは「日本の住居にはプライバシーが欠けている」と述べている。しかし彼らはプライバシーは野蛮で不作法な人々の間でのみ必要なことを忘れている。

日本人はこういった野蛮な人々の非常に少ない国民である。

冒頭に戦国時代のザビエルを引用しましたが、それよりももっと古い時代、奈良時代の終わり頃の天平勝宝八（七五六）年に建てられた国宝を保存する正倉院には、これまた有名な話だけれど、鍵がありません。あるのは紙でできた封印だけです。それで泥棒が入らない。一般の民家も、一昔前に異なった文化を持つどこかの国の人たちが日本人のような顔をして日本に住むようになるまでは、家に鍵などなかったし、玄関の戸はいつも開け放たれたままでした。

開けっ放しでも、鍵などかけなくても、そもそも泥棒が入る心配などまったくなかったからです。

なぜでしょう。どうして日本はそのような国柄を築くことができたのでしょう。よくお世話になった宮司がおっしゃられました。

「日本という国は陛下のもとにみんなが共同体として生活していたのです」

ライト兄弟より早く飛行機を飛ばした日本人　二宮忠八

四月二十九日は昭和の日で昭和天皇のお誕生日です。そしてこの日は「飛行機の日」でもあります。飛行機といえばライト兄弟が有名ですが、ライト兄弟が人類初の有人飛行を実現したのは、明治三十六（一九〇三）年十二月十七日です。四月ではありません。ではなぜ四月二十九日が飛行機の日なのか。このことを書いてみたいと思います。

人類初の飛行実験

ライト兄弟が、ノースカロライナ州のキティホークにあるキルデビルヒルズで十二馬力のエンジンを搭載したライトフライヤー号で飛ばした最初のフライトは、わずか十二秒です。四度目の飛行で五十九秒二百六十メートルの飛行に成功しています。

ところが実はライト兄弟よりも十二年も前に飛行機を飛ばしていた日本人がいます。名前を二宮忠八《にのみやちゅうはち》といいます。二宮忠八が香川県の丸亀練兵場で、わずか十メートルではあるけれど、日本初のプロペラ飛行実験を成功させたのが明治二十四（一八九一）年四月二十九日なのです。ちなみに二宮忠八は、翌日には、なんと三十六メートルもの飛行に成功しています。その飛行機は有人ではありません。模型と言った方が良いものです。しかしこれが人類初の動力飛行実験の成功であったことは疑いのない事実です。

二宮忠八は、慶応二（一八六六）年の生まれです。飛行機を飛ばしたときは二十五歳の青年でした。もともと忠八は伊予国宇和郡（現・愛媛県八幡浜市矢野町）の出身で、かなり富裕な家の生まれでした。ところが父が事業で失敗し、さらに二人の兄が遊女に狂って家計が傾いたところに父親が急逝《きゅうせい》してしまいます。残された家族を養うために忠八は十二歳で、一家を支えるために奉公《ほうこう》に出ました。出た先は町の雑貨商店で、忠八は無類の凧《たこ》好きだったため、店でいろいろな凧を考案しました。忠八の凧は、とてもよく飛び、凧は「忠八凧」と呼ばれて、たいそう人気を博したそうです。

明治二十（一八八七）年、忠八は二十一歳で徴兵されました。任地は丸亀歩兵第十二聯隊《れんたい》です。入隊して二年ほど経った頃、野外演習の帰り道に木陰《こかげ》で昼食をとっていると、霧の中からカラスが飛んできました。残飯の米粒を求めてやってきたのです。よく見かける光景です。カラスは翼を広げ羽ばたかずにすべるように舞い降りてきました。そして飛び立つときには何度か大きく羽をあおって、谷底からの上昇気流でサァーと舞い上がりました。この様子を見た忠八は天啓を得ます。向かい風を翼で受け止めたら空気抵抗で空を飛ぶことができる！　これがいま空を飛ぶすべての飛行機に共通する、固定翼による飛行原理の発見です。

そして一年後、ついに忠八は「カラス型飛行器」を完成させました。

明治二十四（一八九一）年四月二十九日の夕方のことです。忠八は丸亀練兵場の広場で、自作のカラス型飛行器の飛行実験を行いました。練兵場の仲間たちがみんな見に来ました。この頃の忠八は練兵場にある精神科の軍病院に勤務していました。その忠八が飛行機の動力源に選んだのが、なんと医療用聴診器のゴム管です。そのゴム管には四枚羽根のプロペラがつながれていました。プロペラが回転すると風が起きて飛行機が舞い上がるという仕組みです。

凧は、糸を人が引っ張って空に浮かべます。しかし動力飛行機は、自分の力で、空に舞います。

忠八が、プロペラを回して、ゴムを巻きました。いっぱいに巻いたところでカラス型飛行器をそっと地面に置きました。まだ誰も飛んだことのない有人飛行に向けて、忠八の夢をいっぱいに乗せた飛行機がいよいよ練兵場の地面に置かれました。

忠八が手を離しました。プロペラが勢いよく回転をはじめました。多くの人が見守っています。その中をカラス型飛行器は、約三メートルの助走をはじめました。そしてフワリと空に舞い上がりました。飛行機はぐーんと高度を上げました。そして十メートルほど飛んで草むらに着地しました。成功です。

「なんだ。ただのゴム飛行機じゃないか」と思われる方もおいでになるかもしれません。けれど人類を宇宙に飛ばすロケットだって、最初の一号機はロケット花火程度の小さなモノです。見守る人も忠八も、飛行機が自走して空に舞ったことに大喜びしました。忠八は何度も飛行機を飛ばしました。そしてその都度改良を施し、翌日には、飛距離を三十メートルに伸ばしました。

あと一歩のところだった有人飛行機

自信をつけた忠八は、いよいよ有人飛行機の設計に着手しました。いろいろ研究しました。有人飛行の実現のために、忠八は鳥類の体型を詳細に調べるだけでなく、鳥や昆虫、トビウオに至るまで、およそ空を飛ぶものならなんでも調べました。天女や天狗についてまでも調べたそうです。まさに藁《わら》をもつかむ思いだったのです。

この結果、鳥の体型にヒントを得た「カラス型」では、人間の体重を支えきれないことを知ります。どうしたらいいのか。忠八は昆虫の飛行を研究して、四枚羽根の飛行機を完成させます。明治二十六（一八九三）年のことです。この飛行機は、「玉虫型飛行器」と名付けられました。

「玉虫型飛行器」は、はじめから人が乗れることを前提に設計されました。ライト兄弟の実験成功よりも十年も前のことです。翼幅は二メートルです。有人飛行を前提にしながらも、この飛行機は実機の縮小模型として作られました。実寸で飛べば、まさに世界初の実用機です。そしてこの飛行機には、人間が搭乗することを前提に、空中で飛行機の向きを上下左右など自在に操れる工夫が施されました。

いよいよ飛行実験の日。動力は強力なガソリンエンジンを搭載して、と言いたいところですが、なにせ当時としてはまことに高価なガソリンエンジンを買うだけの資金がありません。そこで機体をゴムヒモだけで飛ばせる最大サイズにしました。烏型と同じ四枚羽の推進式プロペラを機尾で回転させます。

そして、「玉虫型飛行器」は、実験で十メートルを飛行します。大成功です。

残る問題は、動力源です。なにせゴム紐エンジンでは人が乗るわけにいきません。しかしまだ電気すら通っていない明治の中頃のことです。ガソリンエンジンはあまりに高価で庶民が買うことなどできません。石炭を焚《た》く蒸気機関では重すぎて飛行機になりません。

そこで忠八は、「飛行機は絶対に戦場で役に立つ」と考えました。

「だから軍で、この研究を引き取ってくれないか」

忠八は、「飛行器」の有効性とその開発計画について、必死でレポートにまとめました。

そして翌明治二十七（一八九四）年、有人の「玉虫型飛行器」の開発を、上司である参謀の長岡外史《ながおかがいし》大佐と大島義昌《おおしまよしまさ》旅団長に上申しました。

個人では資金がないのです。このままでは実機を作れない。軍が研究を採用してくれれば、発動機を入手することも可能です。しかし何度足を運んでも、長岡大佐の返事は「戦時中である」というものでした。大島旅団長も乗り気ではありません。忠八の趣味や夢物語に軍予算を回すわけにはいかなかったのです。

あと一歩。あとすこしで有人飛行機が完成するのです。発動機さえあれば。エンジンさえ買うことができれば。

忠八は、必死に考えました。そして、軍の協力が得られないならば、自分でお金を作って飛行機を完成させるほかはないと考えました。

忠八は軍を退役しました。そして大日本製薬の営業部に入社しました。必死で働きました。営業職は頑張ればその分給金が上がります。だから本気で働きました。忠八はみるみる成績を挙げ、明治三十九（一九〇六）年には、愛媛の支社長にまで出世しました。支社長になった忠八は、すこし時間に余裕が生まれました。それまで一生懸命蓄えたお金も、ようやくある程度の金額になっていました。

明治四十（一九〇七）年、忠八は精米用の二馬力のガソリンエンジンを購入しました。そして再び飛行機の研究を再開しました。ところがせっかく購入したエンジンなのだけれど、二馬力では人を乗せて飛ばすだけの推力《すいりょく》が生まれません。一方、当時徐々に入荷しつつあったオートバイ用のガソリンエンジンは値段が高くて忠八の手が届きません。いろいろ考えた末、忠八はガソリンエンジンの部品をすこしずつ買い集めて、エンジンそのものを自作しようと考えました。そしてすこしずつ部品を買い揃えはじめました。

このとき忠八が自作しようとしたエンジンは十二馬力エンジンです。それはライト兄弟の「フライヤー一号」と同じ出力でした。そのライト兄弟ですが、いまでこそ、世界初の有人飛行として有名になっていますが、明治三十六（一九〇三）年十二月十七日のライト兄弟の有人飛行というのは、アメリカ本国内でもまったく報道されていません。ライト兄弟自身が、アイディアの盗用を恐れてなかなか公開飛行を行わなかったこともありますが、地上すれすれに僅《わず》かの距離を飛んだということが、この時代にはすこし大型の凧上げをやったくらいにしか一般には認識されなかったのです。ようやくライト兄弟による有人飛行成功が広く世間に広まったのが明治四十（一九〇七）年です。そして日本で、これが初めて報じられたのが、雑誌「科学世界」の明治四十（一九〇七）年十一月号でした。おそらく忠八がライト兄弟のことを知ったのも、このときではなかったかと思われます。

これはショックです。一説によるとこのとき忠八は、それまで蓄えていた飛行機自作のための機材をめちゃめちゃに壊したといいます。実際に壊したかどうかはわかりません。しかし忠八にとってライト兄弟の成功が、とてもつらくて悔《くや》しい出来事であったろうことは容易に想像できることです。

人生をかけてやってきたのです。そのすべてを失ったような、そんな感じだったかもしれません。

実証された忠八の飛行機

結局忠八は、このときのショックから飛行器の開発を止《や》めてしまいます。そして薬の製造の仕事に打ち込み、明治四十二（一九〇九）年には、株式会社マルニを創業しました。

ところでこのとき忠八が製作しようとした飛行機は、長い間重量が重過ぎて完成しても飛べないだろうとされてきました。平成三（一九九一）年十月、有志によって忠八の当時の設計図通りに実機が造られました。そしてこの飛行機は見事に、忠八の故郷の八幡浜市の空を舞っています。つまり忠八の設計による飛行機は、きわめて高性能な飛行機だったのです。

大正八（一九一九）年といいますから、このとき忠八は五十三歳です。明治から大正にかけての日本人の平均寿命は四十四〜四十五歳くらいだったといいますから、いまの感覚でいったら、七十歳くらいの社長さんという感じかもしれません。忠八はたまたま同じ愛媛出身の白川義則《しらかわよしのり》陸軍中将（当時）と懇談する機会に恵まれました。

　このとき、ふとしたはずみに、忘れようとして忘れられない若き日の陸軍時代の飛行機製造の話で会話が盛り上がりました。この白川義則という人、後年陸軍航空局長を務め、最終階級は陸軍大将になった方です。後に関東軍司令官、上海派遣軍司令官、陸軍大臣を歴任した人物でもあります。つまりタダモノではない。酒席の上での話ながら、忠八の言葉に関心を抱いた白川中将は、実際にその上申があったかをすぐに確認させました。そして忠八の上申内容が技術的に正しいかどうか専門家に検証を命じました。

　結果は、

「上申の事実あり」

「技術的に可能」との回答でした。つまり忠八は、ライト兄弟よりはるか以前に、動力飛行機による飛行実験を成功させていたということなのです。白川は陸軍省に働きかけ、大正十一（一九二二）年に忠八を表彰します。さらにその後も数々の表彰を忠八に授けるように運動してくれました。おかげで忠八は大正十四（一九二五）年には安達謙蔵《あだちけんぞう》逓信大臣から銀瓶一対を授与され、大正十五（一九二六）年五月には帝国飛行協会総裁久邇宮邦彦王《くにのみやくによしおう》から有功章を賜わり、昭和二（一九二七）年には勲六等に叙勲され、さらに忠八の物語は昭和十二年度からの国定教科書に掲載されるようになりました。

さて、このことを知った長岡外史大佐（かつて忠八の上申を却下《きゃっか》した大佐）は、わざわざ忠八のもとを訪れ謝罪しました。このときの長岡大佐の謝罪は上から強制されたものではありません。もうとっくに軍を退役したおじいさんです。いまさら上下関係も命令もありません。そういうことではなくて、彼は自らの不明を恥じ、自らの意思で忠八に頭を下げに来たのです。実に男らしい振舞《ふるま》いだと思います。誰だって自分を正当化したがるものです。失敗を他人やご時世の「せい」にしたがります。そうやって自らの責任から逃れようとするものです。しかし長岡大佐は自らの非と正面から対峙《たいじ》してこれを認めました。自分に厳しいから他人に頭を下げることができるのです。往々にして他人に罪をなすりつけたがるタイプの人は自分に甘いものです。長岡大佐は実に立派な人であったと思います。

私財を投じて飛行神社を設立

飛行機は、その後、瞬《また》く間《ま》に世界に普及しました。ただし初期の頃の飛行機は事故も多かったのです。満足な滑走路も飛行管制塔もない時代です。エンジン性能も、いまどきのエンジンのように安定したものではありません。そのため飛行機事故で多くの命が失われました。忠八は自らの青春の夢を賭けた飛行機で多くの人命が失われたことに深い悲しみを覚えました。彼は飛行機を造るために貯めたお金や懸賞でいただいたお金を、ずっと大事に使わずに持っていました。そしてそのお金を使って飛行機事故の防止と犠牲者の冥福を祈るためにと、忠八は京都の八幡市に「飛行神社」を設立し、自ら神主になりました。そこで残りの生涯を航空の安全と航空殉難者の慰霊に捧げました。

忠八は昭和十一（一九三六）年に七十歳でこの世を去りました。忠八はライト兄弟のような有人飛行機を飛ばすには至っていません。しかしライト兄弟が成功するより十四年も前に飛行原理を着想していました。忠八が飛行機の開発にいそしんだ時代は、まだ日本には電気も動力もありません。そんな中で世界初の有人飛行という夢に向けて研究に没頭《ぼっとう》した忠八は、近年「日本の航空機の父」、「飛行機の真の発明者」と称されるようになりました。日本語の「飛行器（機）」という言葉も、もともとは二宮忠八の造語です。

このお話は、戦前の教科書にはちゃんと載っていた実話です。どうして教科書から消してしまったのだろう。こういう話って絶対に学校で教えるべきだと思います。

それともうひとつ。天の神々が、二宮忠八ではなく、最終的にライト兄弟に世界初の有人飛行の手柄を譲ったこと。それについてこんな話を聞いたので書きとめておきます。

「発明や発見というのは、その人一代限りの名誉でしかないんだな。人類は飛行機の発明で、これまでとまったく違った世界の扉を開いた。

このことはすごく意義深いことだけれど、同時に人類は未来永劫《えいごう》、飛行機による殉難者を抱えることになったんだ。

その慰霊ができるのは、日本人の二宮忠八しかいなかったんだ。だから神々は忠八の手柄をライト兄弟に譲ったのさ」

もしかしたら、それが本当なのかもしれません。

第三章　皇室

幼年時代の昭和天皇

生粋《きっすい》の日本人なら、最大二十五代さかのぼったら、天皇のお血筋につながるといわれています。我が国の国民にとって、天皇は、いわば本家の中の総本家にあたるのです。

人類の幸福に尽くした天皇の幼少期

昭和天皇は明治三十四（一九〇一）年四月二十九日、明治天皇の初の皇孫《こうそん》殿下としてお生まれになられました。明治天皇は「名は裕仁《ひろひと》、称号は迪宮《みちのみや》」とお命じになられました。「裕」は易経の「益徳之裕也」と詩経の「此令兄弟綽々有裕」、書経の「好問則裕自用則小」、礼記の「寛裕者仁之作也」から、「迪」は書経の「允迪厥徳謨明弼諧」、「恵迪吉従逆凶」から採られたそうです。なにやら難しい漢字が並んでしまいましたが、簡単にいうと、「広く大きな心で国を治め、人類の幸福に尽くすように」という意味がこの「裕」と「迪」の二字に込められています。広く大きな心で国を治め、人類の幸福に尽くすことが明治天皇の理想であったということであり、昭和天皇が生涯を通じてお心がけになられたことだということです。そしてそれは昭和天皇の御生涯そのものでした。不思議なもので名前というのは人の人生を決定づけるものなのかもしれません。

明治天皇は、とても威厳のあるお方だったそうです。その鋭い眼でじっとご覧になられると、重臣でさえも小さくなってしまったそうですが、迪宮さまだけは平気で「おじさま、おじさま」となついておいでだったそうです。相手が大国であれ小国であれ、どんな相手でも媚《こ》びへつらうことも居丈高《いたけだか》になることもなく、みな等しく御親交召された昭和天皇の幼少時のエピソードをいくつかご紹介したいと思います。

明治天皇は古くからのしきたりに従い、生後七十日の迪宮さまを七月七日、御養育掛となった枢密《すうみつ》顧問官の川村純義《かわむらすみよし》（海軍中将伯爵）邸にお預けになりました。川村家では五つの教育方針を立てて、迪宮さまを三歳まで御養育されています。そのときの川村家の教育方針が次のものです。

川村伯爵《はくしゃく》五つの養育方針

一、心身の健康を第一とすること

一、天性を曲げぬこと

一、ものに恐れず、人を尊ぶ性格を養うこと

一、難事に耐える習慣をつけること

一、わがまま気ままの癖をつけさせぬこと

ほんの小さな子供のうちから、わがままを許さず人を尊び難事に耐える習慣を身につける。すごいと思います。当時のエピソードがあります。

ある日のこと、夕食の膳に、迪宮さまが、あまりお好きでないものを見つけたそうです。それで「これいやっ」と箸《はし》を投げ出されました。川村伯爵は平素おだやかな眼を厳しくし、「おいやならお召し上がらなくてもよろしい。爺《じい》はもうご飯を差し上げませぬ」と申し上げてお膳を引き寄せてしまわれたそうです。迪宮さまは、「食べる食べる」と泣いて謝り、以後、二度と食べ物の好き嫌いを仰せになることがなくなったそうです。

乃木希典学習院長の厳格な六つの教育方針

子供というのは、こうやって躾《しつけ》をするものなのだと思います。子供のわがままにつき合うのばかりが親の仕事ではないし学校教育ではないのです。ちゃんとしつければ子供はちゃんとわきまえるようになるのです。それが教育というものだと思います。昨今、道徳教育を否定する自称教育者や自称教育専門家がいますが、履《は》き違えもいいところだと思います。

ちなみに入学試験といえば、いまでは国算理社英ですが、江戸の昔は道徳こそが試験科目でした。江戸時代の日本の治安の良さ、道徳性の高さ、徳義の高さ、民度の高さは、幕末から明治にやってきた外国人の驚嘆の的になっていますが、教育の柱が道徳だったのです。当然のことといえます。昨今の日本の教育は、ただの知識の詰め込みです。だから悪いことをしたときの言い訳用の知識ばかりを身につける。雲泥の差だと思います。

明治三十九（一九〇六）年五月から迪宮さまは、青山御所内に設けられた幼稚園に通われました。翌明治四十一（一九〇八）年四月に学習院初等科に御入学されています。

この頃の学習院院長が乃木希典《のぎまれすけ》陸軍大将です。乃木院長は厳格な六つの教育方針を立て全職員にその実行を固く命じました。

六つの教育方針

一、健康を第一と心得べきこと
一、御宜《おんよろ》しからざる御行状と拝し奉るときは、
これを矯正申し上げるに御遠慮あるまじきこと
一、御成績については御斟酌《ごしんしゃく》然《しか》るべからざること
一、御幼少より御勤勉の御習慣をつけ奉るべきこと
一、なるべく御質素にお育て申上ぐべきこと

一、将来陸海軍の軍務につかせらるべきにつき、その御指導に注意すること

裕仁親王殿下は、東宮御殿から学習院まで、雨の日も風の日も徒歩でお通いあそばされました。乃木院長は、毎朝、欠かさず正面玄関で殿下をお迎えなされたそうです。殿下は院長の数歩前で停まり、欠かさずに礼儀正しく挙手の礼をされています。殿下は乃木院長の質素の教育をよく守られました。つぎ当ての服を誇らしげに着て通学されました。鉛筆は握れなくなるほど、消しゴムは豆粒ほどになるまで、お使いになられたそうです。

この学習院初等科時代に養育係をお務めになった女性がいます。「足立《あだち》たか」です。裕仁親王は、たかをたいへん敬慕《けいぼ》し多大な影響を受けられました。裕仁親王殿下が、学習院初等科時代「尊敬する人は誰か？」という教師の質問に対して生徒の全員が「明治天皇」を挙げたそうです。ところがこのとき裕仁親王お一人だけが「源　義経《みなもとのよしつね》」と答えました。教師が理由を聞くと「おじじ様（明治天皇）のことはよく知らないが、義経公のことはたかがよく教えてくれたから」と笑顔で答えられたそうです。それだけたかの影響が強かったということなのだろうと拝察します。

足立たかはその後、大東亜戦争を終結へと導いた鈴木貫太郎《すずきかんたろう》の妻になります。二・二六事件で、夫の鈴木貫太郎が青年将校たちの銃弾五発を体内に受け、医者に運ばれた貫太郎が心

停止となり、医者から「ご臨終《りんじゅう》です」と告げられたとき、枕元にいたたかが、「あなた、起きなさいっ！」と一喝《いっかつ》したら、心停止していたはずの貫太郎が息を吹き返したというのは有名な話です。

裕仁親王殿下は乃木希典を「院長閣下」と呼んで尊敬されました。ある人が「乃木大将」と呼び捨てにしたとき、殿下は、

「それではいけない。院長閣下と呼ぶように」と注意したといいます。

大正元（一九一二）年、明治天皇御大葬の前々日に、乃木院長閣下は願い出て参内《さんだい》しました。乃木院長閣下は大切なところに朱点した山鹿素行《やまがそこう》の『中朝事実《ちゅうちょうじじつ》』を裕仁親王殿下に御講義なさいました。乃木のただならぬ気迫と様子に裕仁親王殿下は、

「院長閣下は、どこか遠いところへでも行かれるのですか？」とお尋ねになられたそうです。このときの講義は乃木閣下の裕仁親王殿下に伝える渾身《こんしん》の講義でした。これを聞いた瞬間、乃木閣下は顔を滂沱《ぼうだ》の涙で濡らしました。そして翌日、乃木閣下は奥様とともに殉死なさいました。

山鹿素行といえば、大石内蔵助《おおいしくらのすけ》の討入の際の山鹿流陣太鼓ばかりが有名ですが、実は赤穂藩とも関連が深く、また、幕末の吉田松陰は山鹿流兵学師範です。つまり山鹿流は幕末の

志士たちの基本理念となった思想です。また、乃木閣下の講義で使われた山鹿素行の『中朝事実』は大約すると、

「Chinaでは王朝が何度も替わり、家臣が君主を弑《しい》することが何回も行われている。Chinaは君臣の義が守られていない。

これに対し日本は、外国に支配されたことがなく、万世一系の天皇が支配して君臣の義が守られている。Chinaは中華ではなく、日本こそが中朝である」

というものです。ともあれ万世一系の天皇をいただく日本は、本当に幸福なのだと思います。

皇室と日本人

以下の文は、もしかするとご不敬になるかもしれないので、ご不満な方は読み飛ばしていただいて結構です。飛騨に阿礼《あれ》さんというお宅があります。その阿礼家は、古事記を口伝した稗田阿礼《ひえだのあれ》のお血筋なのだそうで、阿礼家には代々伝わる口伝《くでん》がいまでも伝承されているのだそうです。稗田を「ひえだ」と読んだのは新井白石《あらいはくせき》で、本当はなんと読むのかわからない。もしかしたら稗田と書いて本当は「飛騨《ひだ》」だったのかもしれません。

その口伝によると、実は神武天皇以前に、すくなくとも天皇家は二百五十代以上続く家と

して日本にあったのだそうです。二百五十代というとだいたい六千年です。そして口伝では、代々の天皇は「上代様《うわかたさま》」と呼ばれて民から慕《した》われていたのだそうです。みんなにつらいことや苦しいこと、たいへんなことがあると、いつも上代様やその兄弟たちが率先してみんなのために働いてくれた。だからみんなの尊敬が自然と集まったのだそうです。

そして大昔の日本は、末子《まっし》相続制（末っ子が家督を継ぐ）で、家督を継ぐ末っ子以外のおにいちゃん、おねえちゃんたちは民間の家とみんな縁戚関係になっていった。こうして上代様の一族と、ほとんどの庶民はみんな縁戚関係になったというのです。

実はいまでも、普通の日本人なら、二十五代さかのぼったら必ず天皇家と血筋がつながるのだそうです。したがって日本における天皇は、私たち日本人の感覚として、いわゆるヨーロッパの王族やChinaの皇帝などに見られる征服王朝などとはまったく違います。むしろ天皇と国民の関係は、本家と分家の関係に近いものです。

家系図は「家柄の権威付けのために、みんな天皇家と縁続きと書いたのだ」などと教える先生もいますが、大きな間違いです。本当に縁続きなのです。

そもそもひとりの現代人が生まれるためには、父と母の二人が必要です。その父と母が生まれるには四人の祖父母が必要です。こうしてご先祖の数を数えていくと、七百年前の鎌倉時代には、たったひとりの現代人のために一億三千万人のご先祖がいた計算になります。たったひとりのためにです。いまの日本には一億二千万人の日本人がいますが、そうなると計算上は鎌倉時代に一億二千万人×一億三千万人の人口があったことになります。

実際の鎌倉時代の人口は七百万人です。これが何を意味しているかというと、みんな祖先が「重なっている」ということです。まして日本は有史以来二千六百七十年を超える歴史があるのです。つまり生粋の日本人は誰もがみんな親戚であり、天皇家となんらかの血のつながりを持つのです。

天皇と私たち日本人の関係は、感覚的にも実質的にも王様と家来、王様と民衆という上下関係では決してありません。むしろ天皇と臣民の関係は、本家のおじいちゃんと、分家の我が家の関係に近い。鈴木さんのお宅でも斉藤さんのお宅でも高橋さんのお宅でも、どこの家でも、日本人のお宅なら本家や実家で法事があると言われたら、いやおうなく、たとえ遠くからでもみんなが集まります。それは、上下関係とか本家による分家支配とか階級による命令や服従とかとは全然異なる動きです。契約関係でさえもありません。だいたい本家と分家間の本家分家関係契約書などというもの自体、見たことも聞いたこともありません。

本家が侮辱《ぶじょく》されたら誰だってやっぱり腹が立つし、本家が慕《した》われたら自然と誇りに思えるし、なんだか自分のことのようにうれしくなります。こうした感覚は、教育を受けたからとか教え込まれたとかいう問題ではなくて、それこそ血の問題です。

いまでは、家系図も戦災で焼けてしまって何代も経ち、もう血のつながりがどうとかなんてまるでわからなくなっていたとしても、遺伝子レベルで、多くの日本人、もとから日本にいた日本人、奈良、平安、鎌倉、室町、戦国、江戸時代から代々続く日本人は、陛下を侮辱されたらカンカンに怒ります。陛下がご健康と聞けば、それだけでなんだかとってもうれしくなります。それこそ、ＤＮＡのなせる業です。だから、いくら日本人のような顔立ちをして、日本に住んで日本語を日常的に話していても、もとからの日本人のＤＮＡを持たない者には、こういう感覚が生まれない。理屈じゃないから、なおわからないのであろうと思います。

そんなわけで、日本人みんなの総本家が天皇なのだという飛騨の阿礼家に伝わるという口伝・伝承が、感覚的にしっくりくる理由もそこにあるのだろうと思います。

そして昭和天皇が、幼い頃に厳しい教育を受けたとか、こんなエピソードがありましたと聞くと、なにやら、それが自分のことのように、誇らしく、うれしく感じたのではないかと思います。それが日本人のＤＮＡなのです。一方で陛下になにやら無理強《むりじ》いをするなど、陛下がお悲しみになるようなことをするヤカラには、殺しても飽き足らないくらいの強い感情を抱く。これまたごく自然な日本人の感覚です。

私も戦後の教育を受けて育っています。天皇については日本国憲法による象徴と教わりました。天皇を尊敬せよとか、お写真を見たら最敬礼しなさいとか、そういう教育は受けていません。ところが若い頃陛下のお姿をお近くでお見かけしたとき、なぜだか無意識のうちに体が不動の姿勢をとり、そのまま日頃したことのない九十度の最敬礼をしていました。それは理屈抜きの本能による行動としか思えないものでした。みなさんもきっとそうなってしまわれると思います。

今上《きんじょう》陛下と皇后陛下の笑顔のお写真を見ると、それだけでなんだかとってもうれしくなると思います。日本人だからです。分家同士ならライバル関係もあるし、兄弟が良い車を買ったりすると、コノヤロなんて思ったりするけれど、本家が相手では、まるでそんなことは感じません。本家と分家はライバル関係でも上下関係でもありません。ならばどういう関係かと聞かれれば、本家と分家の関係だ、としか答えようがありません。

日本、そして日本人は、天皇という日本人の総本家を中心にまとまっている家族国家です。そしてそうであるならば、海外からの来客は格別、日本国籍の取得については、それは家族の一員とするのと同じことになるわけですから、当然に一定の慎重さが必要になるのです。

マッカーサーを心服させた昭和天皇

昭和二十（一九四五）年九月二十七日のことです。昭和天皇がひとりの通訳だけを連れてマッカーサーのもとを訪れました。

「ついに天皇をつかまえるときが来た！」

事前に連絡を受けていたマッカーサーは二個師団の兵力の待機を命じました。この時点で陛下をどのようにするのかGHQの中でも議論が交わされていました。方針は大きく分けて三つありました。

一、東京裁判に引き出して絞首刑に処する。

二、日本共産党をおだてあげ人民裁判の名のもとに血祭りにあげる。

三、Chinaに亡命させて秘密裏に殺害する。

いずれにしても、陛下を亡きものにすることが決められていたのです。ですからマッカーサーは陛下が命乞いに来られるのだと思いました。このため彼は傲慢《ごうまん》不遜《ふそん》にマドロスパイプを口に咥《くわ》えてソファーから立ち上がろうともしませんでした。このマドロスパイプを咥えたマッカーサーの姿は、彼が日本に降り立ったときの姿としても有名なものです。

磁石のようにマッカーサーの心を惹きつける

当時の米国はトウモロコシが主たる産物でした。これが小麦にとって代わるのは、日本占領後日本の農林十号と呼ばれる小麦が米国に渡ってからのことです。ですから当時トウモロコシでできたマドロスパイプ（コーンパイプ）は、米国の象徴だったのです。

パイプタバコをやったことがある方ならおわかりいただけると思いますが、マドロスパイプのような柄《え》の長いパイプは長時間咥えていられません。口からヨダレがタラタラと流れてしまうからです。ですからマッカーサーがマドロスパイプを咥えるということは、米国のトウモロコシが日本を制圧したことの象徴であり、彼独特の先勝を誇示したポーズでもあったわけです。椅子に座って背もたれに体を預けて足を組み、マドロスパイプを咥えた姿は、ですから陛下をあからさまに見下した態度であったわけです。

そのマッカーサーに対し陛下は直立不動の姿勢をとられました。そして国際儀礼としてのご挨拶をしっかりとなさったうえで、このように仰せられました。

「日本国天皇はこの私であります。戦争に関する一切の責任はこの私にあります。私の命においてすべてが行われました限り、日本にはただひとり戦犯もおりません。絞首刑はもちろんのこと、いかなる極刑に処されても、いつでも応ずるだけの覚悟がありますす」

弱ったのは通訳です。その通り訳していいのか？　けれど陛下は続けられました。

「しかしながら罪なき八千万の国民が住むに家なく、着るに衣なく食べるに食なき姿において、まさに深憂に耐えんものがあります。温かき閣下のご配慮を持ちまして、国民たちの衣食住の点のみにご高配を賜りますように」

マッカーサーは驚きました。世界中、どこの国の君主でも自分が助かりたいがために、平気で国民を見捨てて命乞いをし、その国から逃げてしまうのが、いわば常識です。ところが陛下は、やれ軍閥が悪い、やれ財閥が悪いという当時のご時勢下にあって、「一切の責任はこの私にあります、絞首刑はもちろんのこと、いかなる極刑に処せられても」と淡々と仰せになられたのです。

マッカーサーは、咥えていたマドロスパイプを、机に置きました。続いて椅子から立ち上がりました。そして陛下に近づくと、今度は陛下を抱くようにして座らせました。さらに部下に、「陛下は興奮しておいでのようだから、おコーヒーをさしあげるように」と命じました。

マッカーサーは今度はまるで一臣下《しんか》のように椅子に掛けていただいた陛下の前に立ちました。そこで直立不動の姿勢をとりました。

「天皇とはこのようなものでありましたか！　天皇とはこのようなものでありましたか！」

彼は、二度、この言葉を繰り返したそうです。そして、

「私も、日本人に生まれたかったです。陛下、ご不自由でございましょう。私にできますことがあれば、なんなりとお申しつけください」と言いました。

陛下も、立ち上がられました。そして涙をポロポロと流しながら、

「命をかけて、閣下のお袖《そで》にすがっております。この私に何の望みがありましょうか。重ねて国民の衣食住の点のみにご高配を賜りますように」と申されたのです。

この後マッカーサーは陛下を玄関まで伴い、自分の手で車の扉を開けて陛下をお見送りしました。そしてあわてて階段を駆け上がると、これまでのGHQの方針を百八十度変更する新たな命令を下しています。

このことがあったあとマッカーサーは、次のように発言しています。

「陛下は磁石だ。私の心を吸いつけた」

全国御巡幸

「ヒロヒトのおかげで父親や夫が殺されたんだからね。旅先で石のひとつでも投げられりゃあいいんだ。ヒロヒトが四十歳を過ぎた猫背の小男ということを日本人に知らしめてやる必要がある。神さまじゃなくて人間だということをね。それが生きた民主主義の教育というも

のだよ」

昭和二十一（一九四六）年二月、昭和天皇が全国御巡幸をはじめられたとき、占領軍総司令部の高官たちの間では、そんな会話が交わされていたそうです。ところがその結果は高官たちの期待を裏切るものでした。

昭和天皇は沖縄以外の全国を約八年半かけて回られました。行程は三万三千キロ、総日数百六十五日です。各地で数万の群衆にもみくちゃにされたけれど、石ひとつ投げられたことさえありませんでした。

英国の新聞は次のように驚きを述べました。

「日本は敗戦し、外国軍隊に占領されているが、天皇の声望《せいぼう》はほとんど衰えていない。各地の巡幸で群衆は天皇に対し超人的な存在に対するように敬礼した。何もかも破壊された日本の社会では天皇が唯一の安定点をなしている」

イタリアのエマヌエレ国王は国外に追放され、長男が即位したが、わずか一ヶ月で廃位に追い込まれています。これに対し日本の国民は、まだ現人神《あらひとがみ》という神話を信じているのだろうか？　欧米人の常識では理解できないことが起こっていたのです。

日本という国号よりも「古い」天皇の存在

以下のことは、日本史検定講座で高森明勅《たかもりあきのり》先生に教えていただいたことですが、フランスに世界を代表する歴史学者のマルク・ブロックという人がいます。そのマルク・ブロックが、ヨーロッパの歴史を書いた『封建社会』（みすず書房刊）という本があるのですが、その本の中で彼は次のように述べています。

「西ヨーロッパは、他の世界中の地域と違ってゲルマン民族の大移動以降、内部で争うことはあっても、よそから制圧されて文化や社会が断絶するようなことがなかった。それによって内部の順調な発展があった。我々が日本以外のほとんどのいかなる地域とも共有することのないこの異例の特権を、言葉の正確な意味におけるヨーロッパ文明の基本的な要素のひとつだったと考えても決して不当ではない」

西ヨーロッパは歴史が断絶しなかったからこそ、中世の文化を継承し世界を征服するだけの国力をつけて十八世紀後半以降の市民革命を実現し、近代化を実現することができたのです。そのことを「我々が日本以外のほとんどのいかなる地域とも共有することのない異例の特権」とマルク・ブロックは書いているのです。

ここに書かれたゲルマン民族の大移動は、四世紀から五世紀にかけて起きた事件です。そしてこの大移動をもって西ヨーロッパの古代の歴史は断絶し、まったく別な中世へと向かうわけです。

日本の四世紀から五世紀といえば大和朝廷の発展期です。大和朝廷は弥生時代に倭国を築いた朝廷がそのまま大和地方に本拠を移したものにほかなりません。弥生時代は縄文時代の延長線上にあります。弥生人は決して渡来人などではなく、縄文時代からずっと日本に住み続けた同じ日本人です。そしてその弥生時代がまさに卑弥呼《ひみこ》の登場する時代です。その倭国が東上しながら古墳時代をつくり、そして奈良県の大和盆地に都を構えたのが大和時代です。

その大和朝廷は、第三回の遣隋使で「東の天皇、つつしみて西の皇帝にもうす」と書いた国書を持参しました。これが日本が対外的に「天皇」を名乗った最初の出来事です。西暦六〇八年の出来事です。この大和朝廷が「日本」を名乗ったのが六八九年です。つまり天皇の存在は日本という国号よりも「古い」のです。

そして万世一系、昭和天皇は第百二十四代の天皇です。ご在位は歴代天皇の中で最長です。昭和の時代は世界恐慌から支那事変、先の大戦、戦後の復興、東京オリンピック、そして高度成長と、激動の時代を生きられたのが昭和天皇です。

その昭和天皇の辞世の御製《ぎょせい》です。

やすらけき　世を祈りしも　いまだならず

くやしくもあるか　きざしみゆれど

この御製は昭和六十三（一九八八）年八月十五日に陛下が全国戦没者遺族に御下賜《かし》遊ばされたものです。

「安らかな世をずっと祈り続けたけれど、それはいまだなっていない。そのことが悔しい。きざしはみえているけれど、そこに手が届かない」という意味と拝します。昭和天皇は崩御される直前に、「悔しい」と詠まれておいでなのです。どこまでも国民のためを思うご生涯を遂げられた昭和天皇の思いに、私たちは日本国民として、ちゃんと応えているのでしょうか。

天皇朝鮮半島渡来説を斬る

ある方から、「天皇が朝鮮半島から渡来したという説があるけれど、ねずさんはどう思いますか？」というご質問をいただきました。いまだにそのような戯言《ざれごと》にもならないくだらないことを、公然と主張してはばからない馬鹿者がいることは驚きですが、せっかくですので以下にその答えを述べます。七つの理由から、この説は「あたらない。とんでもない説」であると断じます。

天皇朝鮮半島渡来説を否定する七つの理由

一　朝鮮半島はかつて無人だった

朝鮮半島には、いまから一万二千年前から七千年前までの五千年間に人類が生息したことを示す痕跡《こんせき》（遺跡）がありません。同じ五千年の間、日本には万を超える遺跡（縄文時代の遺跡）があります。

また、七千三百年前に鹿児島沖で巨大な火山の噴火がありました。その噴火のあとから、朝鮮半島ではいきなり大型の釣り針を持つ人類の生息を示す遺跡が多数出土しています。出土品は、いずれも日本の縄文時代の釣り針や土器と同じ作りのものです。そこから火山の大噴火後、食料確保のために大型の魚を得ようとした日本列島の人々が、なんらかの形で半島に住むようになったということがわかります。つまり日本から朝鮮半島に渡ったのであって、その逆ではありません。

二　朝鮮半島の古墳は日本から渡っている

朝鮮半島南部で四～五世紀に造られた多数の古墳が発見されました。その古墳の土木技術は、日本の古墳と同じものです。ところが日本の古墳は二世紀頃からはじまっています。つまりどうみても日本文明が朝鮮半島よりも先行していたということです。

三　百済・新羅は日本への朝貢国《ちょうこう》だった

百済・新羅は国王の跡継ぎ息子を日本に人質として出していました。国王の息子を人質に出すということは、百済・新羅は日本の属国であったということです。仮に天皇が朝鮮半島渡来なら、アチラが属国となるということはありえないことです。ちなみに韓国の古代史学会は、どうあっても日本が朝鮮半島の属国であったとしたいようですが、残念ながら日本から百済・新羅・高句麗等に皇太子殿下を人質として出したことは、歴史上一度もありません。

四　広開土王碑文《こうかいどおう》

広開土王碑文に、近頃倭人たちが百済や新羅を麾下《きか》におさめていてケシカランという記述があります。ということは百済・新羅が日本の属国となっていたことを高句麗も自覚していたということです。

五　新羅王は倭人の平民

新羅の国史には、新羅の王が日本から渡ってきた平民であったと書かれています。つまり新羅では「倭人である」ということが、たとえそれが平民であったとしても、現地の人たちよりも上だとみなされたということです。そして我が国において天皇の地位は平民よりも、もっと上です。

六　古事記は朝鮮半島を黄泉《よみ》の国として描いている

イザナキは黄泉の国に向かい、追われて生《な》っている桃の実を投げて黄泉の国の軍団を退けています。その桃の木をイザナキが配下にしたという記述が古事記にあります。「モモがなる」を漢字で書くと「百《もも》が済《な》る」です。つまり百済以北の朝鮮半島を、古事記は神々しい世界ではなく、まったく逆の「穢《けが》れた黄泉の国」として描いているわけです。その記述からは、天皇が朝鮮半島から渡来したということの正反対の様子しか窺《うかが》うことができません。

七　天皇が朝鮮半島から渡来したという具体的証拠は何ひとつない

実際、それを示す証拠はまったくありません。ということは天皇朝鮮半島渡来説は、根拠のない悪意に満ちた私見でしかないということです。

幼児の固執性《こしっせい》の論理

それにしても、騎馬民族渡来説や、縄文人弥生人入れ替わり説、あるいは聖徳太子《しょうとくたいし》不在説、平安時代古代説など、日本を貶めることにばかり熱心な学者やジャーナリストたちは、どういうわけか何度、具体的に否定されても同じ主張を繰り返します。まるで幼児の固執性と同じです。

同じことは、慰安婦強制説や、軍艦島の強制収容所説、南京虐殺説にもいえます。根拠のない「いいがかり」にすぎないことを、繰り返し何度論破されても執拗《しつよう》に続けるというマインドは、普通の日本人にはない性質です。つまり完全に半島マインドだということです。普通の日本人なら、途中で飽きてしまいます。

幼児の固執性は、たとえば店先に欲しいものがあると、「買って買って」と、ときに号泣までして泣き叫ぶという、あれです。近年では良い歳をした大人の、しかも議員ともあろう人まで、同じように泣き叫んで号泣したり、泣き真似したり、すぐにわかるような嘘を繰り返したりと、あまりにもおかしな振る舞いをします。そのような人たちは、日本に住んで日本国籍を持ち、日本人のような顔立ちをして日本語を話していても、もとからの日本人ではない人たちであろうと思います。普通の日本人には、あそこまで幼稚な振る舞いはできません。

新嘗祭と柏の葉

私たちは、私たちの本当の意味での祝日を取り戻していく必要があると思います。十一月二十三日は「新嘗祭《にいなめさい》」の日です。いまは勤労感謝の日と呼ばれていますが、これは昭和二十三（一九四八）年にGHQによって、名称を無理やり変更させられたものです。どうして勤労感謝の日なのかというと、理由が「新嘗祭」だからです。おかしな話です。それなら最初から「新嘗祭」で良いことです。

新嘗祭と神嘗祭

新嘗祭《にいなめさい》というのは、その年の新穀を天皇が神々に捧げて饗応《きょうおう》する皇室催事です。歴史的には仁徳《にんとく》天皇が新嘗祭を執り行ったことがはじまりで、すでに千六百年以上の伝統がありま す。そんじょそこらの国の成立よりも、はるかに古い歴史がある祭事です。

新嘗祭には、これに先立つ十月十七日に神嘗祭《かんなめさい》を行います。こちらは伊勢神宮で行われるもので、その年に収穫された新穀を天照大御神《あまてらすおほみかみ》に捧げます。これを受けて、次に皇居で行うのが新嘗祭です。

新嘗祭では、天皇陛下が皇居内にある神嘉殿《しんかでん》という特別な御殿の中に篭《こ》もられます。そこに天照大御神をはじめ、天神地祇《てんじんちぎ》のすべての神々をそこにお招きされて初穂をお供《そな》えし、神々とともにこれをお召し上がりになられます。天神地祇とは、天つ神、国つ神のことです。すごいのは、この新嘗祭の慣例です。なんとご飯が柏《かしわ》の葉の上に盛られ、陛下は古代箸《こだいばし》でそのご飯をお召し上がりになられるのです。

古代箸というのは、トングのような形をしたお箸です。古代において我が国の箸は、このような形をしていたといわれています。古事記では須佐之男命《すさのをのみこと》が高天原から地上に降り立たれたとき、川の上流からお箸が流れてきたので、上流に人が住んでいるとわかったという記述があります。お箸一本では、それがカンザシなのか、木切れなのか判別はつきません。なぜお箸とわかったかというと、古代のお箸がトングのような形をしていたからであるわけです。

そして極めつけが、盛り付けに使われているのがお茶碗ではなく、「柏《かしわ》の葉」であることです。新嘗祭は仁徳天皇の時代にはじまったと公式に記録されていますが、この時代には当然、ご飯を盛り付ける際のお茶碗がありました。にもかかわらず仁徳天皇がこの新嘗祭をおはじめになられたとき以来、お茶碗ではなく柏の葉にご飯を盛り付けるということは、仁徳天皇ご自身が、仁徳天皇のご在世当時よりもはるか古い時代からの「伝統に従った」ということです。

我が国で食事に使われる土器は、発掘された中で一番古いものが一万六千五百年前のものです。お茶碗などに塗る漆《うるし》は一万二千五百年前には、すでに漆の木が栽培されて漆が用いられていたことが確認されています。八千年前になると、茶碗から土瓶、弓などに至るまで、美しく漆で彩色された道具類が多数発掘されています。

現代まで続くはるか昔の習俗

一方、新嘗祭は我が国最高の存在であられる陛下が、大切な神々をお招きしてお食事をともにされる行事です。少し考えたらわかることですが、普通、高貴なお方がさらに高貴な神々をお迎えして饗応されるなら、その時代の最高の食器にご飯を盛り付けてお食事されるはずです。何千年も前から漆が使われていたなら、普通に考えれば、漆塗りの高価なお茶碗を用いてお食事を振る舞われそうなものです。ところが、それが柏の葉なのです。

どうして柏《かしわ》なのかということは、「かしわ」という大和言葉が明確に示しています。「かしわ」は、もともと「かしきは（炊き葉）」、「かしは（食敷葉）」に由来します。柏の葉に盛り付けるご飯の稲は、もともと熱帯性植物で、寒冷地での栽培はしにくいものですが、柏の木は寒冷地にも強くて、肥沃《ひよく》な土地を好みます。そして柏は広葉樹なので、普通なら冬には葉が落葉するところ、柏は落葉しないまま冬越えをし、翌年の春には新芽を付けます。

我々は男の子のお祝いの「端午節句《たんごのせっく》」に柏餅《かしわもち》をいただきますが、これは柏の木が、古い葉が落葉しないまま新しい葉と絶え間なく入れ替わることから、「葉（覇）を譲り家運隆盛をあらわす」として、そのようになったものです。

要するに新嘗祭に柏の葉が用いられるのは、「稲作が行われながら食事にはお茶碗ではなくて柏の葉が用いられていた、いったいいつの時代なのかわからないくらいはるか遠い古い昔の習俗」を、仁徳天皇の時代に慣習として復元され、その復元された古代の習俗が二十一世紀となった今日においても続けられているという、すごい行事なのです。いったい日本はどれだけ古い国かということです。

そして陛下が、毎年の新穀を神々に感謝してくださり、また明年の豊作をご祈願してくださっているから、私たちは美味しいお米を毎年いただくことができます。そのことに国民みんなが感謝を捧げる。だから新嘗祭が国民の祝日となっていたのです。

それを「国民の勤労に感謝する」というのなら、庶民が勤労するのは一年中のことですから、ウイークデーは毎日祝日にしなければならなくなります。そうではなく古来から続く新嘗祭の日だから感謝のための祝日なのです。

祝日には意味があります。私たちは私たちの本当の意味での祝日を取り戻していく必要があると思います。なぜならそれは私たち日本人が感謝の心を取り戻すことになるからです。

天皇の四方拝

先日、矢作直樹《やはぎなおき》先生のご講演を聞く機会があり、そこで先生が四方拝についてお話をされていました。あまり知られていないことでもあり、大切なことでもありますので、私からも少し四方拝について述べさせていただこうと思います。

ありとあらゆる厄災は、すべて私に

四方拝（しほうはい、よほうはい）は、毎年元旦に天皇が行われる行事です。戦前戦中までは、四方節《よほうせつ》と呼ばれていました。元旦の、まだ夜が明けない早朝に天皇陛下が特別の建物に入られ、四方の神々をお招きして、そこで祈りを捧げられる行事です。どのような祈りかといいますと、ちょっとショッキングです。

天皇が神々に、

「国家国民のありとあらゆる厄災は、すべて私に先にお与えください」

と祈られるのです。

少し詳しく述べます。

知らす国において、天皇は臣民を代表して神々とつながる御役目です。その天皇が神々に、「ありとあらゆる厄災は、すべて我が身を通してください」と、年の初めに神々に祈られます。

お招きされる神々は次の通りです。

・伊勢神宮（皇大神宮・豊受大神宮）
・天神地祇
・神武天皇の陵《みささぎ》
・先帝三代の陵（明治天皇、大正天皇、昭和天皇）
・武蔵国一宮（氷川神社）
・山城国一宮（賀茂神社）
・石清水八幡宮
・熱田神宮
・鹿島神宮
・香取神宮

そして次の祈りを捧げられます。

賊冦之中過度我身
毒魔之中過度我身
毒氣之中過度我身
毀厄之中過度我身
五急六害之中過度我身
五兵六舌之中過度我身
厭魅之中過度我身
萬病除癒
所欲随心
急急如律令

「中過度」の度という字は、古語では編《へん》を省《はぶ》く習慣がありますが、サンズイを付けたら「渡る」になります。したがって「中過度我身」は、「我が身中を過ぎ渡れ」となります。すこし詳しく申し上げますと、「度」は、「广＋廿＋又」で成り立つ字です。「广」は、建物の中。「廿」は、器、「又」は、人が手を交差しているところです。

屋内で器を前に人々が手を交差して何かをしているわけです。そこから「のり」とか「おきて」、あるいはモノサシなどで計る度量衡《どりょうこう》や尺度などを意味する言葉になりました。したがって「中過度」の「度」は、「のり」とか「おきて」として「かならず」といった意味で用いられているとわかります。

ということは「中過度我身」は、ただ身中を過ぎ渡れと述べているのではなくて、「おきてとしてかならず我が身中を過ぎよ」と述べているとわかります。天皇は、あらゆる厄災を、何よりもまず自分にふりかけてくださいと、元旦の早朝に神々に祈られているのです。どの本かあえて申しませんが、この「中過度我身」を、我が身だけには降りかからないようにと願っているなどと、下劣な解釈をしているものがありましたが、どこにも「降りかからないように」を意味する文字は使われていません。

まして最後に、

萬病除癒（万病を取り除き癒せ）

所欲随心（欲するところは神の御心のままにあり）

急急如律令（その成就よ速まれ）

と祈られているのです。そうであれば、「降りかからないこと」が「急急《はやまれ》」では、意味が通じませんし、「随心（神の御心のままに）」ともつながりません。

要するにあらゆる災害は、民衆がその厄災を受ける前に、まずは我が身を通してください。そして万病を取り除いてください。自分の心は常に神々の御心のままにあります。そして「急急如律令（その成就よ速まれ）」と祈っておいでなのです。

陛下は、新年のはじまりにあたって、誰よりも早く起きて、ありとあらゆる厄災は、自分の身にこそ降りかかれ。

そして万病が取り除かれ、民が癒やされるよう
自分の心は神々のまにまにあるのだから
厄災は我が身にのみ先に降りかかれ。

と祈られているわけです。その厄災とは何かといえば、「賊冦、毒魔、毒氣、毀厄、五急六害、五兵六舌、厭魅」です。

「賊冦」は、危害を加えようとする悪い賊です。

「毒魔」は、この世に毒を撒《ま》き散らす魔です。いまの時代ならメディアかも。

「毒氣」は、人に害を与える悪意です。

「毀厄」は、人を傷つける苦しみや災難です。

「五急」は、五が森羅万象を示す五行（木火土金水）、これが急というのですから突然発生する自然災害のことです。

「六害」は、十二支（子丑寅卯辰巳午未申酉戌亥）の中の二つの支が、互いに争う害を言います。要するに先輩後輩や世代間の争いなどですから、ひとことでいえば人災です。

「五兵」は、戈戟鉞楯弓矢のことで、戦禍のことです。

「六舌」は、二枚舌どころか六枚舌ですから、外交による害のようなものです。

「厭魅」は、「えんみ」と読みますが、人への呪いのことをいいます。

四方拝では、今上陛下が神々に、「これらの厄災は、すべて我が身に先に振りかかるようにしてください」と祈られるわけです。

要するに、年の初めに神官の中の大神官であられ、しかも神々の直系のお血筋にあられる天皇が、臣民を護るために、「ありとあらゆる厄災は、すべて私を通してください」と神々をお招きして祈られるのが、四方拝です。

そして、この四方拝が、皇居において元旦の早朝に行われたあと、夜が明けると、一般の民衆（臣民）が、氏神様に初詣に行きます。天皇がすべての厄災をお引き受けくださったあとだから、人々は安心して、神社に新年の感謝を捧げに詣《もう》でるわけです。

だから新年の参拝は、「拝み参らせる（参拝）」ではなくて、「詣でる」です。「詣」は、言偏が魚偏に変わると「鮨《すし》」という字になりますが、「旨」は、匙《サジ》で食べ物を掬《すく》う姿の象形文字で、美味《うま》いものがあるところに行く、という意味から、神様のところに行ってお参りすることを「詣でる」というようになりました。新年に美味しいものがあるということではなくて、美味しいものを食べさせていただけることへの感謝を捧げに行くから「詣でる」となるわけです。

シラスとウシハク

世界中に、王や皇帝と名のつく人は、古今東西、歴史上枚挙に暇《いとま》がないほど、数多くいたし、いまもいます。けれどそれらすべての王侯貴族は、ことごとく「支配者として君臨する人」です。これを古い日本語で「ウシハク」といいます。

ところが日本の天皇は、神々の御意思を臣民に知らせ、神々の「おほみたから」である臣民の豊かで安心して安全に暮らしたいという思いを神々にお伝えするお役割です。つまり天皇は支配者ではなく、無私の大神官です。その天皇を頂点とする体制を、これまた古い日本語で、「シラス（知らす、Shirasu）」といいます。

ですからシラス統治のもとでは、民衆が神々の「たから」となります。神々のたからであるということは、民衆に国家として最高の尊厳が与えられているということです。

つまり究極の民主主義といえる統治が、シラス（知らす、Shirasu）なのです。日本の統治は、神話の昔から、このことを基本にできあがっています。

ただしシラス国であるためには、民衆の側にも高い民度が求められます。そうでなければ民は我執我欲に走り、中でも飛び切り欲の深い者が富や政治を私物化して独占し、他の民から収奪をはじめてしまうからです。

ですから知らす統治には、そうした歪みを正す機能が必要です。それが荒魂《あらたま》であり、真っ直ぐに正すことを「たける」といいます。漢字で書いたら「武・建」などの訓読みにあてられています。世界中の言語で、武は攻撃か防御の意味でしか用いられませんが、我が国ではどこまでも、歪みを正して真っ直ぐにするために用いられるのが武であり建であるとされてきたのです。

人々が私的な欲を自ら抑え込み、誰もが真っ直ぐに生きることができるならば武は必要ないかもしれません。けれど、そのようなことは人間社会ではありえませんから、歪みを正す武《たけ》る人が必要となるのです。

いまの日本に欠けているのは、その武の心であろうと思います。正義の力である武と、他人の迷惑を顧《かえり》みない暴力とは、まったく異なるものです。

ともあれ、高い民度の国である日本に、私たちは生まれました。

そうであるなら、私たちは次の世代に、その高い民度をつなげていかなければならないと思います。強姦や支配や富の偏在《へんざい》や、不当な暴力が支配するウシハク状態から、一日も早く脱皮すること。多くの日本人が求めているのは、豊かで安心して安全に暮らせる日本なのですから。

シラス（知らす、Shirasu）

古事記に「シラス」という言葉があります。
古事記では、漢字一文字で「知」と書かれています。
この言葉こそ、日本の歴史の根幹にある言葉です。

シラスという言葉は古事記の至るところに出てきます。最初に出てくるのは、伊耶那岐大《いさなきおほ》神《かみ》が三貴神である天照大御神、月読命《つくよみのみこと》、須佐之男命をお生みになられたときです。ここで伊耶那岐大神は、三貴神それぞれに「高天原をシラセ」、「夜の食国《をすくに》をシラセ」、「海原をシラセ」と述べられています。漢字で書くと「知《しらせ》」です。

西洋、中国との違い

シラスがわかりやすいのは大国主神《おほくにぬしのかみ》の国譲りです。そこではシラスとウシハクが対比的に会話として出てきます。

出雲の国の伊那佐《いなさ》の小浜《をはま》に降り立たれた建御雷神《たけみかつちのかみ》は、十掬剣《とつかのつるぎ》を抜いて、その剣を切っ先を上にして波の上に立てると、切っ先の上に大あぐらをかいて坐られ、大国主神に次のように問うのです。

「汝のウシハクこの葦原中つ国は、
　我が御子のシラス国と仰せである。

　汝の心やいかに」

　ウシハクの「ウシ」は主人のこと、「ハク」は「大刀を腰に佩《は》く」というように、身につけることをいいます。そこから派生して私的に領有し支配することを意味します。つまり所有と被所有の関係です。

　権力者にとって、その権力の及ぶ先が私物であるとするものが、ウシハクです。被所有とされた者は、私有民であり、私物ですから、所有者によって殺されようが、服役させられようが文句は言えません。なぜなら私物であるからです。

　たとえば昔の西洋において貴族の妻は貴族の所有物でした。けれどその貴族は、国王の所有物です。したがって国王がその貴族の妻を横取りしても、どこからも苦情は来ません。なぜならすべては国王の私的所有物だからです。このことを国王を独身のやさしい王子様に、貴族の妻を独身の若くて美しい女性に置き換えて、両者を両思いにするとシンデレラの物語になります。けれど現実は、頭の禿《は》げた中年のヒヒ国王と、夫を愛する妻であるケースの方が圧倒的に多かったのです。現実は決してお伽噺《とぎばなし》のように甘くて素敵な世界ではありません。

Chinaの皇帝も同じです。

比叡山延暦寺で第三代座主《ざす》となった慈覚大師《じかくだいし》は、若い頃円仁《えんにん》という名前でした。彼は承和五（八三八）年に、最後の遣唐使の一員として唐の国に渡りました。そしてやっとのことで承和十四（八四七）年に日本に帰国するのですが、その約十年間の唐での生活を『入唐求法《にっとうぐほう》巡礼行記《じゅんれいこうき》』という書に遺《のこ》しています。

この書に当時の唐の皇帝の武宗《ぶそう》の行状が記されています。武宗皇帝は道教に入れ込んで仏教を弾圧した晩唐の皇帝として知られる人です。

その武宗皇帝の太后《たいこう》は、姓は郭《かく》で太和皇后と呼ばれ、仏教をとても篤《あつ》く信仰していました。皇帝は道教を信仰しています。その皇帝から、僧侶や尼僧を淘汰《とうた》せよという条例が出るたびに、いつも皇帝を諌止《かんし》していたのが太后でした。武宗皇帝はそんな太后に薬酒をすすめて毒殺してしまいます。ところが後宮《こうきゅう》に太后に代わるだけの美女がいない。

そこで太后に代わって後宮に入れるべき最高の美女は誰かということになったのですが、ある者がそれは義陽殿《ぎようでん》におわす皇帝の実母であると進言しました。すると武宗は母を後宮に入れようとしました。もちろん母は拒絶です。あたりまえです。ところがその答えを聞くや否や、武宗皇帝は弓で母を射殺《いころ》しています。

またあるとき、道教の道士である趙帰真《ちょうきしん》らが皇帝に、

「仏教はインドで生まれて『不生《ふしょう》』を説いているが、『不生』とは、単に死のことである。仏教はまた、さかんに無常や苦、空を説くが、これはまことに奇っ怪な妖説であって、道教にいう無為長生（無駄に長生きしない）の原理を理解していない。老子《ろうし》は、無為自然にあそんで仙人となり神薬を練った。この神薬を飲めば、不老長寿となり、神仙界の一員となることができる。その功力《くりき》は無限である。そこで願わくば、宮廷内に神仙台を築き給え。身体を練磨して、神仙界にのぼり、九天に逍遥《しょうよう》し給え。必ずや陛下の聖寿万歳となり、もって長生きの楽しみを保ち得られることでしょう」と奏上しました。

皇帝はこの奏上を聞いておおいに喜び、左右の近衛兵に命じて、宮城内に神仙台として「望仙楼」を築かせました。それは高さ四十五メートルの楼閣《ろうかく》でした。皇帝は「望仙楼」ができあがることを、とても楽しみにされ、毎日左右の近衛兵三千を動員して土を運ばせ、築造させました。

皇帝は一刻もはやく完成させたい意向でした。毎日できあがりを催促されました。そこで左右両軍の近衛兵の団長も指揮棒をとって監督にあたりました。

ある日、皇帝が視察に赴《おもむ》きました。皇帝は宮内長官に向かって、「あの棒を手にしているのは誰か」と問いました。長官は、

「軍団長みずからが築台の指揮をとっています」と答えました。

すると皇帝は、

「汝、棒を手にして指揮する必要はない。自分で土を担《にな》って台を築け」と命じました。

またある日には、「望仙楼」の工事現場に出かけた皇帝は、自ら弓をひいて、何の理由もなく将校のひとりを射殺しました……。

『入唐求法巡礼行記』には、こうした実話がいやというほど紹介されているのですが、どうしてこのような不条理が起こるのかといえば、それはChinaの皇帝がウシハク権力者だからです。

西洋では王権神授説といって、国王の権力は神から授かった神の代理人としての権力であると解釈していますが、神は人以上の存在であって、人に対する生殺与奪の権を持ちます。神の姿は見えず、言葉もお話しにならないのですから、神の名のもとに原爆を投下することさえ可能になってしまうのです。

易姓革命も同じです。皇帝の地位は天帝《てんてい》という名の神様から与えられたものだというのが、その根底です。天帝の姿は見えず、天帝が言葉を話さないことは、神授説と同じです。

最高権力者が国家の頂点にあることが問題

　ウシハクそのものが悪いということはありません。社会には上下の秩序が不可欠だからです。しかし社会構造の頂点に立つ者が最高権力者であり、その最高権力者が権力を持ちながら責任を問われないということが問題なのです。皇帝、国王、領主、大統領、書記長、名称は様々ですが、いずれもウシハク権力者であることに変わりはありません。頂点に立ったその瞬間から、一切の責任を負わずに人々に対する生殺与奪の件を持つのです。このことは言い換えれば、国家最高権力者が、国家最高の無責任者であるということです。このことは世襲か選挙かにも関係がありません。選挙も世襲も頂点に立つ最高権力者の権力の根拠となる正統性を示すものでしかないからです。国家の最高権力者が国家の頂点にあること自体が問題なのです。なぜならそうであれば、誰もその最高権力者の責任を問うことができないからです。そして国家の頂点が権力であれば、その下にある者は、官僚であれ貴族であれ、一般の民衆であれ、すべてその頂点に立つ最高権力者に支配された人々ということになります、つまり私有物と同じです。

　ウシハク権力には、人柄や人格、政治的方向性も関係ありません。米国オバマ大統領は平成二十七（二〇一五）年から平成二十八（二〇一六）年にかけてのわずか二年間に、およそ五万発に及ぶ爆弾を投下し、すくなくとも三百八十四人、最大八百七人の民間人を殺害しています。もちろん理由あってのことでしょう。しかし他人の生命を奪ったならば、本来ならその責任を負わなければなりません。

会社でも同じです。営業部長は会社の営業部員に必要な部長としての権力を、職務分掌《ぶんしょ》に規定された範囲で行使できますが、それは営業成果という責任と当然にセットです。

ところが現代社会にしても、昔のChinaや西洋の王や皇帝にしても、国家の頂点にある人は絶大な権力を持ちましたが、一切の責任は取りません。戦後の日本の政治も同じです。政治権力を持つ閣僚にしても、国会議員にしても、任意で責任を取ったごく一部の閣僚を除いて一切責任を取りません。「二位じゃダメなんですか?」と言って我が国の最先端研究を大幅に遅滞させた政治家や、北朝鮮の拉致《らち》に関連したどこかの政党の委員長は、「山は動く」とか言いながら、事実関係がバレても一切の責任を取っていません。

選挙によって選ばれているから民衆による監視がなされているというのは詭弁《きべん》です。すくなくとも任期中は、好き放題のことを、やろうと思えばいくらでもできるからです。

政治が責任を負わないという状態が、どれだけおそろしいものか。

古事記は、このことをきわめて象徴的に、天照大御神という太陽が岩屋戸《いわやと》に隠れてしまった、という事例をひいて物語として解説しています。要するに逆の立場、つまりまっとうな最高の存在が隠れてしまったらどうなるかということを、太陽が隠れてしまうという事例をひいて、その重要性を指摘しているのです。

この天の岩屋戸の神話では、事件を契機として八百万《やをよろず》の神々が語らって、国家最高の存在を、権威と権力に分離することを開始しています。

つまり権力と権威を分離し、国家最高権威を国家最高権力よりも上位に置く。その国家最高権威は政治権力を持たず、代わりにすべての民に等しく暖かな太陽の恵みを与える。つまり民衆を「おほみたから」とする。最高権威は権力を持たないのですから権力と対《つい》になる責任も負わない。なぜなら太陽が隠れてしまったら、この世は闇に閉ざされてしまうからです。

そして最高権威である天照大御神のもとに、八百万の神々で国家最高権力を構成する。権力機構である以上、当然、常に責任とセットです。


これが行われた場所が高天原《あたあまのはら》です。高天原におわすのは全員が神様です。国家最高権威は、その神々を代表して、創世の神々と繋《つな》がる立場です。

つまり国家最高の存在として、神々（地上においては民衆）を代表して、神々と繋《つな》がるのです。これが「シラス（知らす、Shirasu）」です。

政治権力者は、その国家最高権威によって親任されます。政治権力者はウシハク存在ですが、その権力者は、権力者よりも上位にある天皇によって、権力に等しい責任を負う立場となり、また天皇の「おほみたから」国土や民衆への責任を持つ立場となります。

なぜそうなるかというと、「シラスの中にウシハクが内包されている」からです。そしてこの仕組みこそ、神話の時代からずっと続く我が国独自の統治の根幹です。


このことを、コップを例にとって説明してみます。

たとえばレストランで食事をします。目の前にワインの入ったコップがあります。コップは自分の手の中にありますから、手にしている自分は、そのコップを捨てようが割ろうが誰かに売ろうが自在です。人にたとえれば、痛めつけようが殺そうが売ろうが勝手です。なにせ自分のものです。これがウシハク支配です。

ところがそのコップがレストランのコップであれば、いかにいまこの瞬間にそのコップが自分の手の中にあり、自在にいくらでも処分できるような状態にあったとしても、手にしている人は、捨てることも割ることも売ることもできません。席を立つときには、ちゃんとお店に責任を持って返さなければなりません。この「お店のコップである」という明確な認識のもとにコップを手にするのが「シラス」です。

日本は、天皇という天照大御神からの直系の血筋を、国家の最高権威としてきた国です。そして、天皇という存在によって、民衆は太古の昔から権力からの自由を得ていたのです。

天皇の存在を否定する人たちがいますが、それは、民衆の権力からの自由を意図して阻害しようとしている人たちであるということができます。

そのようなことを好む人たちは、はっきりいって、日本人ではありません。

第四章　日本人の魂と日本の成り立ち

パラリンピックと日本

ようやく生活が安定した傷痍《しょうい》軍人さんたちは、日々の仕事だけでなく、施設の医師たちの指導のもと、傷痍軍人さん同士で仲間をつくって、障害者スポーツに取り組みました。

そして気がつけば、昭和三十九（一九六四）年の東京オリンピックの頃には、他の国の選手を寄せ付けないほど、日本人の障害者選手たちの技量が勝《まさ》るものとなっていました。

障害者スポーツの分野で活躍した日本の傷痍軍人

先だって行われた平昌パラリンピックで日本の選手は開催六競技中、金メダル三、銀メダル四、銅メダル三という大活躍をしました。選手のみなさん、またご家族のみなさんをはじめ、関係各位のご努力には本当に頭が下がる思いです。

パラリンピックは、表向きは英国のストーク・マンデビル病院のルートヴィヒ・グットマンが昭和二十三（一九四八）年のロンドンオリンピックの開会式当日に、「車いす選手のための競技大会」を開催したことがはじまりとされています。ところが実はこの分野では戦前の日本は、はるかに先行していたというのが、この項のお話です。日本では、日清、日露の戦いを経由して戦場で腕や足をなくされた軍人さんたちが一日も早く社会復帰できるように、手足の不自由を理由に甘やかせるのではなく、むしろその障害を乗り越えて、技量を身につけたり、スポーツができるように厳しく指導が行われていたのです。

このため第二回パラリンピックは昭和三十九（一九六四）年の東京オリンピックと同時開催で行われました。このとき世界の選手の水準と比べて日本の選手の技量があまりにも桁違《けたちが》いに高かったことから、パラリンピックは二部構成になり、第一部が外国人だけの車椅子者だけの競技大会、第二部がすべての障害者を対象にした日本人選手だけの国内大会になりました。

実は日本における障害者対策の歴史はとても古くて、世界中の多くの国々が障害を持った人を社会の邪魔者としかしていなかった中世において、日本では、むしろ積極的に障害を持った人に職を与え、社会全体でこれを保護するという方針がとられていた歴史を持ちます。とりわけ戊辰戦争以降には、戦争の形態が爆発物などの火器に変わり、爆風によって手足を失ったり、視力を奪われる、耳が聞こえなくなるなどの戦傷者が増加しました。諸外国が戦傷者に対して傷の治癒後は割と冷淡であったのに対し、我が国では戦傷者にむしろ積極的に訓練を施して特殊技術等で社会復帰を促進する方針が採られていました。

その訓練は、いまの時代では考えられないほど厳しいもので、たとえば両足を失った兵隊さんが、義足を付けていきなり四十キロの行軍を行うといったスパルタ式です。痛みに耐えながら、両足から血を流しながら、それでも兵隊さんたちは、その厳しい訓練に耐えました。もともと徴兵で甲種合格するほどの優秀な青年たちです。強く社会復帰を願う彼らは、病院の厳しい訓練によく耐え、東京オリンピックの頃には、障害者スポーツの分野で他国の追随《ついずい》を許さないほどの技量を身につけていたのです。

傷痍軍人さんのための傷痍軍人恩給についてひとこと触れておきたいのですが、日本ではかつては戦傷者に対して終戦時まで一定の生活を保護するに足るだけの戦傷者恩給が支払われていました。ところが戦後に日本に入ってきたＧＨＱはこれを打ち切りにしました。ＧＨＱは日本の軍の存在そのものを認めないという立場であったため、退役軍人という存在もないということになって、障害の有無に関わりなく軍人恩給の支払いを一切停止したのです。

しかし傷痍軍人についていうならば、五体満足な人ならまだ働き口もあったことでしょう。すでに訓練を終えた戦傷者であれば、鍼灸《しんきゅう》医《い》等でそれなりの自活の道もあったかもしれません。しかしまだ社会復帰途上にあって、特殊技術訓練が十分でなかった人たちは、たちまち生活に困ってしまいます。担当する医師たちにもできることには限りがあります。ですからある傷痍軍人さんは「まるで地獄のような日々であった」と当時を述懐されています。

恩給が復活したのは、終戦から六年九ヶ月経った昭和二十七（一九五二）年のことです。サンフランシスコ講和条約で主権を取り戻した日本政府がいの一番に行ったことが、傷痍軍人さんたちに対する特別恩給の復活だったのです。

ようやく生活が安定した傷痍軍人さんたちは、日々の仕事だけでなく、医師たちの指導のもと傷痍軍人さん同士で仲間をつくって、障害者スポーツに取り組みました。そして気がつけば昭和三十九（一九六四）年の東京オリンピックの頃には、他の国の選手を寄せ付けないほど、日本人の障害者選手たちの技量が勝《まさ》るものとなっていたのです。

東京五輪においてパラリンピックを同時開催することは、かなり初期の段階から決まっていました。しかしパラリンピック開催委員の人たちが頭を悩ませたのが、まさにこの「日本の選手と各国の選手たちの技量の圧倒的な格差」でした。このためあえて、パラリンピックを二部構成にして、世界各国の選手たちが参加する一部と、日本人選手たちだけの二部に分かれて五輪が開催されることになったのです。

障害を持つ人に積極的に技能を与え、社会全体で保護

世界中どこの国においても、戦傷に限らず、生まれつきであったり、事故や病気などによって身体に障害を持つ人はおいでになります。そうした人たちに対しては、西欧では修道院などが収容したりするケースはありましたが、それ以外は放置、野放し……つまりなかったことにされてきたのが、悲しいかな人類の歴史です。

そうした世界にあって、我が国では上古《じょうこ》の昔から障害を持つ人にむしろ積極的に技能を与えて、彼らが自活できる道を与え、また社会全体でこれを保護してきました。

たとえば、目の見えない人であれば、按摩師《あんまし》、鍼灸医、琵琶法師《びわほうし》、三味線師、琴師など、耳が聞こえなかったり手足が不自由な人であっても、人形師、細工師、彫金師などの職人としての修業を重ねて自立できるようにし、社会全体としても、積極的にこれらの職の人たちを活用していく文化が熟成されていました。

「祇園精舎の鐘の声、諸行無常の響あり」で有名な平家物語も、もともと目の見えない琵琶法師たちが、全国を回りながら弾き語りをしていた物語です。

近世になると、怪談 累ヶ淵《かさねがふち》に登場する江戸の按摩《あんま》の宗悦《そうえつ》や、有名なところでは勝海舟《かつかいしゅう》の祖父の男谷平蔵《おだにへいぞう》がいます。

男谷平蔵はもともと越後の盲人です。修業を重ねて江戸に出て按摩業をはじめ、ネズミが巣を作るようにコツコツと貯めたお金で金貸しをはじめて財を成し、御家人の男谷家の株を買って士分となりました。その子が四十一石取りの御家人である勝甚三郎《かつじんざぶろう》のもとに養子入りして勝小吉《かつこきち》となるのですが、小吉は有名な暴れん坊で、その暴れん坊から、まるで「トンビが鷹を生んだ」ように生まれた英才が勝海舟です。

私なども子供の頃には、目の見えない按摩さんがピーヒョローと笛を吹きながらやってきて、祖母など、よく按摩さんを呼んでマッサージをしてもらったり、もぐさを使ったお灸《きゅう》や、針を打ってもらっていたことを、よく覚えています。

生まれつき目が見えないというだけでなく、疾病《しっぺい》や戦いによって目が見えなくなったり、身体に障害を負った人も同じです。

「家の人たちの荷物になりたくない」と、障害を負った人が、人一倍努力して、健常者以上の実力を身につけ、働き、歴史を刻んできたのが日本です。有名な津軽三味線が、目の見えない演奏家たちによって護られ、伝えられてきたことも、みなさまよくご存知の通りです。

それだけではなくて、まったく体が動かない障害者であっても、親戚一同みんなでこれを支え面倒をみてきたのが日本です。

なぜ、我が国では障害を持つ人を周囲の人たちが大切にしてきたのでしょうか。

また障害を持つ人がなぜ自立しようと努力してきたのでしょうか。

その答えは、上古の昔（個人的には縄文の昔からと思っていますが）から、日本に続くある文化性が関係しています。またその文化性は、ほんの半世紀前までは、我が国において誰もが一般常識としていたものです。

それが何かというと、日本人の「魂」観です。我が国では古い昔から「肉体は魂の乗り物にすぎない」という考え方がなされてきました。「死ねば誰もが仏様」という考え方もそこから来ています。魂が本体、肉体はその乗り物にすぎず、その魂がより神様の領域に近づくという成長のために、あえて意図して肉体という重みを背負った人として人間界に生まれてきていると考えられてきたのです。

中でも障害を持つ人は、もっとも崇高《すうこう》な魂として、神様になるための最後の試練として、重度の障害を持って生まれてくると考えられてきました。あるいは生まれたときには健常者で、後に障害を負うことになった人も、やはり同様にその障害に耐え抜き、克服することでより次元の高い神様になろうとして、意図してそのような姿になっているのだと考えられてきたのです。

つまり障害を持った人は、健常者よりももっとずっと高貴な御魂《みたま》を持っている人たちということになります。当然粗末にしてはいけないし、障害があるからと甘やかしてもいけない。そして障害を持った＝高貴な神に近い魂を持った人に按摩をしてもらったり、演奏する楽曲を聞かせていただくことは、我が身の精進《しょうじん》にあたると考えられてきたのです。そして障害を持った人も、だからこそ健常者以上に努力する。そこには相互の深い愛もあるわけです。

こうした文化を持つ日本では、ですから障害を負った人にも、楽をさせるということをしません。むしろそういう人であるからこそ、一層のたゆまぬ努力を求めるし、また社会もそれを受け入れるという文化を保ってきたのです。

乃木式義手の夢のような機能

たとえば乃木大将として有名な乃木希典《のぎまれすけ》は、西南戦争等で左目を失い、また片腕、片足に銃創《じゅうそう》を負った障害者です。けれど乃木大将は、日露戦争（明治三十七〈一九〇四〉～三十八〈一九〇五〉年）のあと、

「私は、片手、片足が残っているからまだ良い。食事もできるし、タバコも吸える。けれど戦争で両手を失った者は、一服の清涼剤としてのタバコも吸えぬ。それではあまりに可愛そうだ」と、ご自分の年金を担保にしてお金を借りて、試行錯誤《しこうさくご》のうえ、ついに「乃木式義手」を完成させています。

この「乃木式義手」というのはたいへんなシロモノで、この義手を付けると付けたその瞬間から、腕のない人がモノをつかんだり、持ち上げたり、食事やタバコまで吸うことができて字や絵もかけるという、素晴らしい機能を持った義手です。

今日でもそうなのですが、義手も義足も「見た目が健常者に見えるようにする」というのが世界の趨勢《すうせい》です。もちろん最新の医学では、筋電義手《きんでんぎしゅ》といって、生身の腕や手と同じような動きをする義手も開発されています。しかしコンピューター制御による筋電義手においても、卵を持つ、あるいは握手をするといった動作をするのが精一杯で、文字を書いたりタバコを吸ったりといった、微細《びさい》な動きを可能とするものは、今の最新技術においても、困難とされているのが実情です。

ところが乃木大将は、ご自分の年金を担保に借りたお金で、そんなことが実際に可能になる夢のような義手を完成させ、これをなんと無償で戦傷を負った部下たちに配っています。

このようなことを申し上げると、現代の最先端の医学でさえ困難なのに、そのような大昔にそんなすごい義手などできるわけがない、とみなさんは思われると思います。私も話を聞いたときは、そのように思いました。ところがそのレプリカがあるという。そして、「では、本当かウソか、ご自分で実際にやって試して御覧なさい」と言われ、その「乃木式義手」を実際に装着させていただきました。

するとどうでしょう。豆はつまめる。モノは持てる。そしてなんと、字や絵まで、付けた直後から、もう書けてしまうのです。これには驚きました。

古い昔のものですから、もちろんマイコン制御なんてありません。では、どうしてそのよ

著者が乃木式義手で文字を書いているところ

うなことができるのかというと、よく観光地などで売られている、竹でできた「へびのおもちゃ」の要領なのです。おもちゃのへびは、上下には動きますが、左右にはクネクネと動きません。これを応用することで、上腕を体から離すと、先が開き、体に近づけると先が閉じるように義手が作られています。そしてその長さが絶妙で、タバコを吸ったり、お匙《さじ》を持って食事をしたりといった行動も自在にできるように工夫されているのです。

上の写真は、私が自分で実際に「乃木式義手」を付けて操作しているところのものです。このあと実際に字や絵をかいたのですが、それは下手なので内緒です。内緒ですが、初めて使ってその場で小さな物をつかんだり、文字を書けたりしたことには仰天《ぎょうてん》しました。

乃木大将は、ご自身も障害者であられたことから、両手を亡くした兵隊さんを心から不憫《ふびん》に思い、なんとかしてあげようとこの義手を制作しました。まさに乃木大将の愛情から生まれた義手という感じがしました。

もし自分が、あるいは家族の誰かが事故等で腕を失い不自由な生活を余儀なくされているとき、目の前で、この義手を使って字が書けるようになり、自分で食事もできる姿を目の前で見たら、きっと感謝の思いで胸がいっぱいになり、涙で目が霞んでしまうに違いないと感じました。それほど愛のこもった温かさを感じる義手でした。

ところがこの「乃木式義手」、ある学者の先生の一本の論文によって、歴史から完全に埋《まい》没《ぼっ》してしまいました。その論文の要旨は次のようなものです。

「乃木希典の制作した義手は当時の世界の水準に遥《はる》かに及ばないものであった」

「この義手は一九一一年にドレスデンで開かれた万国衛生博覧会に日本陸軍から出品されたが、この頃の欧米の水準からは著しく遅れたものであり、また医学と無縁の将軍が義手を考たことに当時の医師達も興味を示さなかった。このことは当時の日本の四肢切断者への社会の対応が未熟だったことを物語っており、この乃木式義手もほとんど用いられていない」

その先生（あえて名前は伏せます）が、どのような意図でこのような文章を書いたのかは知りませんが、当時の世界の義手への取り組みが、「いかに腕があるように見せかけるか」だけに焦点が絞られ、結果、それを付けて生活する人の利便性や機能性に関してまったく顧《かえり》みられることがなかったのに対し、「乃木式義手」は、むしろ機能面に特化した性能を持つ義手として、世界を先取りしたものでした。別な言い方をするなら、世界の趨勢《すうせい》が「腕をなくした人に会った人が不快感を感じないようにする」という、つまり健常者を対象として作られていたのに対し、「乃木式義手」は、むしろ障害者の立場に立って、障害者自身が生活の便を得るようにと開発された義手であるわけです。実に画期的なものであったといえるのです。

最先端を走った日本の残念な現状

みなさまはパラリンピックなどにおいて、弾力があり素早く走ることができる義足をご存知だと思います。その義足は、見た目は素足とはまったく異なるものです。しかし機能は見た目が素足に似ている義足よりも、はるかに優れています。

要するに、義足や義手などにも、ようやく最近になって機能性が求められるようになってきたのです。それまでは義手義足に機能を求めるだけの技術力が世界に伴わず、そのためにいかに本物の手足に似ているかだけしか世界では問題にされなかった。もっというなら乃木将軍がこの乃木式義手を作った頃、それはつまりいまから百年前のことですけれど、その頃の義手は、単に見た目を補うという趣旨のものでしかなかったわけです。

けれど実際に義手等のお世話になることになったとき、とりわけ腕や手は日常生活の様々な場で活用されるものであるだけに、モノがつかめて、タバコも吸え、字や絵もかけるという機能を持った義手が、両腕をなくした方々にとって、どれだけありがたいものであったか。そういう意味では、ご自身が障害者であられた乃木大将の「俺は片腕があるから自分で飯も食える。だが戦《いくさ》で両腕を失った者は、タバコも吸えぬ」と、戦傷者への同情を寄せ、自らの年金を担保にして、創意工夫し機能性義手を作りあげた乃木大将は、世界の最先端を走っていたといえます。

もっというなら、障害者の側に立った義手がこうして日本で生まれ、いまなお「乃木式義手」を上回る性能の義手が世界のメーカーから発売されていないという事実は、むしろ世界の趨勢を百年以上先取りしたものであったといえるし、我が国が、もともと障害を持つ人を差別することなく、むしろ尊敬の心をもって社会の中に受け入れてきたことを示すことです。

残念なことは、これだけにとどまりません。

乃木式義手は戦争で腕や手を失った人向けに開発されたものですが、そうした義手の機能面での研究が戦後の日本で大幅に遅れたのみならず、実は戦傷の分野でも、日本は世界から大幅に遅れをとるようになったのです。

もともと戦傷病に関する研究は、日本は世界の最先端でした。その研究の中には、外地となる戦地にて、いかに衛生的な水を確保するかにはじまる細菌の研究なども含まれます。満洲では、水のろ過技術と細菌対策で世界的な特許技術をいくつも獲得した関東軍防疫給水部本部が、いつの間にか「魔の七三一部隊」などと呼ばれているのは、みなさまご存知の通りです。しかしこうした貶《おとし》めだけでなく、現実の医療において日本は、世界の最先端研究保持国から世界の最後進どころか、まったく研究さえされない国へと退化しています。

たとえば銃弾が体内を貫通したときにできる貫通銃創は、平時の医学では単に「割創《かっそう》」や「切傷《せっそう》」に分類されます。しかし銃弾は体内に入るときにできる入り口傷は小さな穴にすぎませんが、体内で上下左右にグルグルと回転しながら跳ね回り、体内の組織を大きく損傷させて体外に飛び出します。つまり入り口と出口が小さな穴にすぎなくても、体内が猛烈に破損されるのです。つまり、傷口を塞《ふさ》ぐだけで、「はい、治療終了」では困るのです。

砲弾創や寒冷地での凍傷、火炎放射器や落雷などによる熱傷、あるいは外創に起因する神経麻痺や感染症、精神疾患との関係など、戦場は戦場特有の様々な内外傷を伴います。

たとえばかつての日本海軍には圧抵傷《あっていしょう》という独特の戦傷名がありました。これは艦船が魚雷等で爆発する瞬間に、応力《おうりょく》が甲板に働いて、甲板上にいる人間が空中に跳ね上げられ、着地する際に足底部を粉砕骨折してできる傷です。そしてこうした症例が確認されると、そのことは万一魚雷等を受けても甲板に応力が働かないように艦船設計に工夫が凝らされ、また万一空中に跳ね上げられても、着地時に足底部等を保護する特殊なデッキシューズの考案が進められていくのです。

もちろん戦闘などないにこしたことはありません。しかし万一の際の平時からの備えは絶対に必要なものです。国会で「もりそば」にするのか「かけうどん」にするのかを議論しているヒマがあるのなら、その時間を、国家国民の安全と安心、そして障害者が困らない社会づくりに費やしてもらいたいものです。日本の技術力をもってすれば、野戦病院に移動用CTスキャンを設営することもできることでしょう。かつての日本には、手術自動車も野戦用に配備されていました。かつての日本は戦傷病に関して、ソフトもハードも民意も世界最先端だったのです。

「障害者は高貴な魂の持ち主である」という日本人固有の思想

もっとも戦後の日本において、唯一、救いともいえる出来事もあります。それは重度の脳障害を負って生まれてきた人が、実はきわめて思索的で高度な知性を持っていることが、日本の大学で証明されたことです。平成二十四（二〇一二）年のことです。國學院大学の柴田《しばた》保之《やすゆき》教授は、新生児のときに黄疸《おうだん》に罹《かか》って脳に酸素がいかなくなり、そのまま重度の脳障害者として寝たきりとなった、みぞろぎ梨穂《りほ》さんと出会いました。

通常こうした症例の場合、患者さんである障害者は外界とのコミュニケーションが取れないという理由だけで、言葉も思考もないとされています。ところが柴田教授は、パソコンを利用することで彼女との会話を試みたのです。

するとパソコンは、パソコンに文字を打ち込んだのです。そこには次のように書かれていました。

「ずっと私は
人間とは何なのかということを
考えてきました」

そして梨穂さんは、幼い頃から周囲の会話を聞きながら、ちゃんと言葉を覚え、そして言葉を通じて思索を重ね続けてきていたことを、詩にして、綴《つづ》り出したのです。その詩が先般、本になって出版されました。それが上の写真の本です。

この本のまえがきに、東大医学部名誉教授の矢作直樹先生が次のように書いています。

みぞろぎ梨穂『約束の大地』

「それはまるで幾多の試練を経験した魂が今生でさらなるチャレンジのために操縦困難な肉体を選んで生まれてきたようです」

その通りと思います。

そしてみぞろぎ梨穂さんの本を読むと、意識や思考というものは単に脳の機能というだけではなくて、実は魂そのものに備わるものであるということに気付かされます。なぜなら現代医学では、重度脳障害者に思考力があるなどということは、およそ考えられないことだったからです。

私の小学校のときの恩師は、いくつかの校長を経験したあと、いまは引退されて聾唖《ろうあ》学校のすぐ近くに住んでおられます。同じ校長同士ということで、恩師は聾唖学校の校長とも親しく、時折その聾唖学校を訪問されるのだそうです。そこで気付いたそうです。

「小名木君、健常者の子供たちは学校で日本語を学ぶよね。しかし障害を持った児童たちは、それだけじゃなく、手話、点字、読唇術も学ぶんだ。それは通常の日本語だけでなく、複数の言語を、小学生くらいのうちに完全に身につけるということなんだよ。だから障害児たちの側から見たら、私たち健常者の方がむしろ障害者に見えてしまっているのかもしれないね」

古い昔から日本にあった「障害者は高貴な魂の持ち主である」という日本人固有の思想は、実はいまなお日本に残る、世界最先端の思考であるのかもしれません。

▼参考資料

しょうけい館

http://www.shokeikan.go.jp/

『約束の大地』みぞろぎ梨穂著　青林堂刊

諸命以と豈国無歟にみる古事記と日本書紀の違いについて

古事記と日本書紀は、それぞれが実に明快に、その目的を冒頭に述べています。

それが、

諸命以《もろもろのみこともちて》（古事記）と

豈国無歟《あにくになけむや》（日本書紀）です。

古事記と日本書紀

古事記と日本書紀の違いには諸説あって、どれもなんだか帯に短し、たすきに長しという具合で、なかなか「これだ！」という決め手になるような違いを説明したものが見当たりません。よくあるのは古事記と日本書紀の成立年の違いとか、著者の違い、あるいは巻数の違いなどですが、それらは物理的な違いであって、「なぜ古代において二つの史書が同時期に書かれたのか」の解答にはなりません。古事記は日本語の音を漢字で表記する和化漢文体《わかかんぶんたい》で書かれているが、日本書紀は美しい漢文体で書かれているとか、これまた群盲《ぐんもう》象を撫《な》づのような解説が並び、あげくに古事記は偽書ではないか、などといった議論がなされはじめたりします。

古事記・日本書紀が書かれた目的となると、古事記は国内向けに天皇の正当性をアピールする目的、日本書紀は国外に向けて日本をアピールするために書かれたなどとしているものもあります。

しかしChinaの歴代王朝と異なり、我が国の天皇は万世一系であって、いまさら正当性をアピールするような御存在ではないし、日本書紀が国外向けに書かれたというなら、日本書紀が奈良平安の昔から近世に至るまで、我が国の国史の教本として用いられていたことの説明がつきません。

ところが目からウロコが剥《は》がれ落ちるとはこのことで、古事記と日本書紀は、それぞれ実に明快にその目的を冒頭に述べているのです。

それが、

古事記　＝　諸命以《もろもろのみこともちて》

日本書紀　＝　豈国無歟《あにくになけむや》　です。

さて、以下に述べることとは、記紀を神学として読む立場や、史書として読む立場とは一線を画するものです。記紀はいずれも千年以上前に書かれたものであるだけに、その解釈をめぐっては長い歳月に蓄積された諸説がありますし、また神学として神々への尊崇という立場、あるいは歴史書としてこれを読む立場等によっても、解釈は異なるものです。ここでは、あくまで古事記・日本書紀の著者がどのように原文に書いたかのみを取り扱います。

あたりまえのことですが、私自身は人の身であり、神界の出来事まではわかりかねます。神界が摩訶《まか》不思議な世界というならば、たとえばそこには本当に頭が八つある蛇がいたかもしれませんし、人と話すウサギがいるのかもしれません。また記紀に述べられた神語《かむかたり》が史実かどうかも、私はその時代を見てきたわけではないのでわかりません。

人が理解しうる範囲で後世に

しかしそれをいうなら記紀を書いた人たちもまた同じです。記紀は人が書いたものであって、人が理解しうる範囲の出来事を、人が理解しうる範囲で、できる限り矛盾を廃して後世に伝えようとして書かれたものです。

そうであれば大切なことは、何よりもまず一番に「記紀が何を伝えようとしているのか」を読み込むことではないかと思います。神話だから大事だとか、古いから大事だという見方もありましょうが、それ以上に伝えようとしていることを原文によってしっかりと読み込むということが、先にまずあるべきだと思うのです。

一　諸命以

古事記における「諸命以《もろもろのみこともちて》」も、日本書紀における「豈国無歟《あにくになけむや》」も、どちらもイザナキとイザナミがオノゴロ島を創ろうとするシーンで出てくる言葉です。

古事記では、二神が天の浮橋に立たれて、諸命以《もろもろのみこともち》て天《あめ》の沼矛《ぬぼこ》を下の方の混沌《こんとん》に差し入れます。そして矛を引き上げたときにできたのがオノゴロ島です。

日本書紀も同様に二神が天の浮橋に立たれるのですが、このとき古事記には書かれていない「豈国無也《あにくになけむや》」と二神で語り合って、底下の混沌に矛を差し込んでいます。矛を引き上げたときに生まれたのがオノゴロ島というところは同じです。

「諸命以《もろもろのみこともちて》」はわかりやすいと思います。

「すべては上位の神々の命《みこと》のままに」という意味です。したがって古事記は、イザナキ・イザナミ二神の天の沼矛を用いた行動も、すべてはより上位の神々の命《みこと》に基づいてのことだと述べているわけです。イザナキとイザナミも神様ですが、それより上位の神々とはどういう神様たちかといえば、天之御中主神《あめのみなかぬしのかみ》からはじまる創生の七神を指します。

天之御中主神という御神名は、天空の（つまり大宇宙の）すべての、あるいは別な言い方をするならば、すべての時空間の中心にある神様です。

続く高御産巣日神《たかみむすひのかみ》は、高次元（つまり高み）での産巣《うぶす》、つまり高次元での結《むす》びの神様です。結びの概念がどういうものかは、アニメ映画「君の名は。」にも出てくるので、なんとなくご理解いただけようかと思います。

三番目の神産巣日神《かみむすひのかみ》は、神々同士の結び、あるいは神々との結びを意味する神様の御名となっています。

つまり古事記は、こうしたすべての中心と、その中心との結びの神々らの命《みこと》のままに、オノゴロ島を創り、そこに降臨し、日本列島という国土を生み、八百万の神々を生み、そして黄泉の国との一線を敷いて、天照大御神、月読命、須佐之男命らをお生みになられたと記述を進めているわけです。そしてそれらのすべてが「神々の命《みこと》のままに」、つまり「諸　命《もろもろのみこと》以《もちて》」行われているのだということが古事記の立場です。

そして神々の命《みこと》を行う者は、八俣遠呂智《やまたのおろち》のような困難があっても、絶対にくじけずにこれと戦うこと、そして続く大国主神話には、冒頭に根無し草である「菟《と》」と、和船の帆掛け船を意味する「和迩《わに》」を登場させて、大国主が築いた大いなる繁栄をした国家が、実は商業流通国家であったと続きます。商業はできるだけ安く仕入れて、できるだけ高く売れば、差益で儲かる仕組みです。あたりまえのことですが、一次生産者である農林水産業の人たちは、常に買い叩かれる立場となり、常に貧困下に置かれることになります。

それでは神々の命《みこと》に反するということで行われたのが天孫降臨《てんそんこうりん》で、迩々芸命《ににぎのみこと》が地上に降臨されます。

迩々芸命の御神名を見ると、「迩」が「近くて美しい」、「芸」がモノづくりの技術を意味します。つまり迩々芸命は、身近に美しい技術を置くという御神名で、まさにここから日本のモノづくり大国がはじまっているわけです。モノづくりが大切にされるということは、末端の民が大切にされるということです。そしてそのこともすべて「諸命以《もろもろのみこともちて》」行われてきた、というのが古事記の立場になるわけです。

二　豈国無歟

日本書紀は冒頭のイザナキとイザナミがオノゴロ島を創る段で、二神が「豈国無歟《あにくになけむや》」と述べてオノゴロ島を築いたと書いています。

「あに〜や」は現代の古語教育では下に打ち消しの表現を伴う反語であるとされています。たとえば「あによからんや」といえば「良いだろうか、いや決して良くはない」という意味になるし、「あにまさめやも」といえば「どうしてまさろうか、いや、まさりはしない」と訳すと教わります。

その説に従えば、「あにくになけむや（豈国無歟）」は、「国があるだろうか、いやありはしない」となり、そういいながら、二神は底下に矛を差し入れて、オノゴロ島を創ったことになります。「ありはしない」と断定してから、オノゴロ島を築くわけです。これでは意味が通りません。
しかし日本書紀は、ひらがなで「あに〜や」と書いているわけではなくて、漢語で「豈国無歟」と書いています。「豈」という字は、そもそも楽太鼓《がくたいこ》を象形化した文字です。太鼓には様々な種類がありますが、「楽太鼓」は据え置き型の太鼓で、よろこびのときやうれしいときに鳴らします。だから名前も「楽しみの太鼓」です。つまり「豈国」というのは、「よろこびがあふれて、楽しくて楽太鼓を打ち鳴らすような国」という意味になります。簡略化すれば「よろこびあふれる楽しい国」です。そういう国が「無歟《なけむや》＝ないだろうか」というのです。
ではその「よろこびあふれる楽しい国＝豈国」とはいかなる国なのか。すこしもとに戻って、創生の神々を見ると、最初の神様から順に、
国常立尊《くにのとこたちのみこと》
国狭槌尊《くにのさつちのみこと》
豊斟渟尊《とよくむぬのみこと》
と書かれています。いずれも音読みの、たとえば「こくじょうりつそん」ではなく、大和言葉で「くにのとこたちのかみ」などと読むこととされています。この三柱の神様は、漢字文化圏の外国人が読んだら、国常立尊は矛を手にして立つおそろしげな神様、国狭槌尊は大

鎚を手にした、これまたおそろしげな神様、豊斟渟尊は水を操る、これまたおそろしげな神様であるかのようです。

けれども三柱の神様は、あくまで大和言葉で訓読みするのです。つまり、

くにのとこたちのみこと

くにのさつちのみこと

とよくむぬのみこと

です。そして「尊《みこと》」という字は、日本書紀は「とても尊いものを尊《みこと》と書き、そのほかは命《みこと》と書く」とわざわざ注釈しています。つまり三神は、とても「尊い神様」なのです。

そして大和言葉でこの三神の御神名の意味を読むと、

「くにのとこたちのみこと」は、クニのトコにタツみことです。

クニというのは、縄文の昔から人々が生活するところがムラ、その周りにあって食べ物などを供給してくれるところがハラ、そのハラの向こうにあるのがヤマ、そのヤマの向こうには、また別なムラがあって、それらのムラの集合体をクニと呼びました。そのクニのトコですが、トコは「床の間」などでも使われるように、一段高いところを意味します。そこにタツ（立つ）尊い神様というわけですから、クニの中でも一段高いところに立たれた尊い神様

です。

「くにのさつちのみこと」の「さ」は、もともと神稲《くましろ》を表す言葉です。ですから「さくら」といえば、神稲（＝さ）の蔵《くら》という意味で、桜が満開に咲くと、その下で、その年の豊穣を祈って、みんなで花見をして酒を飲んで楽しみます。満開の桜を豊作の「さ」、つまり神稲に見立てているのです。

「つち」は、そのまま「土」ですから、国の神稲と土の尊い神様という御神名です。

「とよくむぬのみこと」の「ぬ」は、浅い沼のことで、「くむ」は水を汲むというようにすくい取ることをいいます。つまり浅い沼から収穫していくのですから、まさに田植えと収穫の御神名です。

つまり日本書紀は、「稲作を中心として、よろこびあふれる楽しい国を築くには」ということをテーマとして全体を描いているわけです。

けれどひとくちに「よろこびあふれる楽しい国」とはいっても、毎日が「よろこびあふれる楽しい」状態であれば、そのことのもたらす意義も幸せも忘れてしまって、いつしかそれを「あたりまえ」と錯覚してしまいます。むしろよろこびも、楽しさも、苦しさや困難を乗り越えて成長したときにこそ、本当の意味でのよろこびがあるし、感動があるし、幸福感がありますですから日本書紀は、それぞれの時代において、尊《みこと》たちが、苦労をしたり、取り返しのつかない失敗をしたりしながらも、それでも前向きに生きてきた物語を綴っています。そしてそのことを、我々の祖先は神語《かむかたり》とし、我が国の史書としてきたわけです。

日本書記の構成

日本書紀の構成をわかりやすくいうと次のようになります。

「神様は、よろこびあふれる楽しい国にと、この世界をつくってくださすったんじゃ。
じゃが、よろこびも、たのしさも、毎日のことになったら
誰もが、それをあたりまえにして、誰も成長しなくなってしまうじゃろ？
じゃから神様は、我々にいろいろな試練を課すんじゃ。
人生、山あり、谷ありじゃ。
ワシらの祖先はの、幾度となく、そういう試練にあい、それを乗り越え、打ち勝ち、
この国をのこしてくだすったんじゃ。
じゃから、わしらも、祖先に恥じないように、決してくじけず、あきらめず、
ひとりひとりがすこしでもよろこびあふれる楽しい国に近づけるように、
日々、努力していくのじゃ。
それが、日の本の国なのじゃぞ」

だからこそ神々の諸命以を描く古事記ではなく、人々の幸せを築くための史書として、日本書紀は奈良平安の昔から我が国の一般的教本としての史書として使われてきたのです。

古事記、日本書紀に限らず、書かれたものというものは、必ず書かれた目的を持ちます。司馬遷《しばせん》の史記にはじまるChinaの史書は、すべて、現王朝の正統性を示すためのものです。記紀も史書ですが、我が国では、天皇の正統性は血筋そのものであって、その血筋は各時代に明確ですから、あらためて正統性を主張する必要がありません。

ですから古事記においては、皇室を中心とした我が国統治の根幹が、すべて神々の命《みこと》を受けたものであること、すなわち「諸命以」であることを述べ、日本書紀は一般の人々が、我が国が庶民のひとりひとりに至るまで、誰もがみな、よろこびあふれる楽しい国を目指していこうという決意を史書に仕立てているのです。

古代の日本人って、すごいと思います。

おわりに

建国宣言とその内容を教えないという哀れな国

確《かた》く神州《しんしゅう》の不滅を信じること。
任《にん》重くして道《みち》遠きを念《おも》って、
総力を将来の建設に傾けること。
世界の進運《しんうん》に後《おく》れないこと。
これは終戦の詔《みことのり》で出てくる昭和天皇のご遺命です。
新しい時代を開いて行こうではありませんか。

建国宣言の言葉とその意義

戦後教育を受けてきた日本人で、日本建国の詔を学校で教わったご記憶を持つ方はおいでになるのでしょうか。世界中どこの国においても、自分たちの住む国の建国の歴史や建国宣言の内容を教えていない国などありません。China や South Korea のように、たとえそれがあまりにも荒唐無稽《こうとうむけい》な絵空事であっても、彼らは彼らなりに、自国の建国の歴史と、最低限、建国宣言の言葉とその意義は、義務教育課程で必ず教えています。米国でも独立宣言を諳《そら》んじることができるまでの人は少ないかもしれませんが、独立宣言があったこと、およびその精神は必ず誰もが学校で習うことです。

世界の中で、日本だけがそれをしていません。日本の教育は憲法で義務化され、国家機関としての文部科学省もあります。あたりまえのことながら、日本という国があるから憲法があり文部科学省もあります。ところが憲法で義務教育化した小中学校で、本当に不思議なことに我が国の建国の経緯も建国宣言も、その心もまったく教られていないし、文科省もそれを教育指導要項に加えていません。いったい文科省というのは、どこの国の教育監督官庁なのでしょうか。文科省が日本国の教育を所轄《しょかつ》する行政機関だというなら、日本の建国宣言(建国の詔)や建国の経緯を義務教育で教えるのは、あまりにもあたりまえなことといえるのではないでしょうか。

建国宣言があることが教えられず、建国の経緯さえまったく教えられさえもしないということは、国際標準に照らしても、明らかにおかしなことです。

ところが不思議なことに、日頃《ひごろ》国際化を提唱する人たちでさえ誰もそのことに触れようとしません。教育関係者や文科省の職員の中には、日本は戦後に大日本帝国から日本国という別な国になったのだと勘違いしている人もいるという話を聞くことがあります。馬鹿な話です。それならなぜ日本に建国記念日があるのでしょうか。建国記念日は二月十一日です。日本が先の大戦を自主的に終わらせたのが昭和二十（一九四五）年八月十五日、降伏文書に調印したのが同年九月二日、日本国憲法が公布されたのが昭和二十一（一九四六）年十一月三日、施行されたのが昭和二十二（一九四七）年五月三日、サンフランシスコ講和条約に署名したのが昭和二十六（一九五一）年九月八日、発効となったのが昭和二十七（一九五二）年四月二十八日です。いずれも建国記念日（二月十一日）とは異なる日です。このことが示すことは、すなわち日本は別な国になどなっていないということです。

政権や憲法が変わっても国家は神武創業以来変わらず

どうして建国記念日が二月十一日なのかといえば、神武天皇の即位日が新暦の二月十一日だからです。ということは、日本人の常識として、あるいは日本人の公知の事実として、日本は神武創業以来ずっと続いている国であるという自覚が、戦後の日本国にも、間違いなく「ある」ということです。

江戸時代の日本は、徳川幕藩体制にありました。それが明治という国家になりました。では日本はその時点で、違う国になったのでしょうか。

そんなことはありません。現実には、天皇を頂点とする日本の国の政権が、徳川政権から明治新政府政権に移行しただけです。これは要するに政権交代だったというだけのことですから、国自体が別の国になったわけではありません。

憲法についてはどうでしょうか。明治に入ってから大日本帝国憲法ができましたが、それは別な国になったということなのでしょうか。そうではありますまい。江戸時代の日本も、明治新政府の日本も、同じ日本です。

戦後に日本国憲法が公布されましたが、これもまた天皇によって公布された憲法です。つまり日本は日本のままであって、日本の主権がどこか別の国に移ったわけではありません。

そうであるなら、どうして日本に建国記念日があるのに建国の詔を教えないのでしょうか。これこそ教育の「不備」というものではないでしょうか。

神武天皇の建国の詔を読みますと、その建国の詔にある内容と、そこに至るまでの神武天皇の事績は、すべてイザナキ、イザナミ以来の神々の御意向を、そのまま実践されてこられたものとわかります。有名な言葉に「八紘一宇《はっこういちう》」がありますが、これもまた「豈国《あにくに》」を築こうとされたイザナキ大神、イザナミ大神の御意思を受け継いでなされたものであるということがわかります。これを軍国主義の象徴だと言う人達もいますが、では神武天皇の建国の詔《みことのり》がどのようなものであったか。これを日本書紀から読んでみたいと思います。

●原文

自我東征、於茲六年矣。
頼以皇天之威、凶徒就戮。
雖邊土未清余妖尚梗、而中洲之地無復風塵。
誠宜恢廓皇都、規摹大壮。
而今運屬屯蒙、民心朴素、巣棲穴住、習俗惟常。
夫大人立制、義必隨時、苟有利民、何妨聖造。
且當披拂山林、經營宮室、而恭臨宝位、以鎭元元。
上則答乾霊授国之徳、下則弘皇孫養正之心。
然後、兼六合以開都、掩八紘而為宇、不亦可乎。
観夫畝傍山、東南橿原地者、蓋国之墺区乎、可治之。

●現代語訳

我が東征より六年を経た。
天つ神の霊威によって凶徒は滅んだ。
辺土はいまだ騒々しいが、中洲国に風塵はない。

そこで壮大な皇都と皇居を建てよう。
いま国は出来たばかりで若く、
民心は素朴で穴に住む習俗もいまだ残っている。
それ大人の制を立て義を必ず行い、
いみじくも民に利があるとき（苟有利民）、
聖造に何のさまたげがあろうか。
山林をひらき、宮殿を築き、
宝位に就いて、元々を鎮めよう。
上は乾霊が授けてくれたこの国の徳に答え、
下には皇孫の正しい心を養おう。
しかる後に六合を兼ねて都を開き、
八紘を掩《おほ》いて宇（屋根）となすは、また良からずや。
畝傍山の東南に観《み》る橿原の地は国の真ん中にあたるや。
ここで治むべし」

はじめに「東征より六年を経た」とあります。「征」の字が後年征服とか征伐などの熟語に用いられるようになったために、神武天皇は大軍を率いて宮崎を出発して、ついには畿内にまで軍事的に進出して畿内に王朝を築いたと解釈されることが多いのですが、すこし違います。字を見たらわかりますが「征」は正しきを行うという意味の漢字です。つまり「東征」というのは、「正しいことを行うために東に向かった」という意味です。

では、その「正しいこと」とは何かといえば、誰もが豊かに安心して安全に暮らしていくことができる社会を実現することです。

神武天皇は、それ以前の記述から、稲作農業をいまの中四国から畿内に向けて広げた人であったことがわかります。神武天皇は宮崎を兄の五瀬命《いつせのみこと》とともに出発されていますが、この五瀬命という名前も没後の諡名《おくりな》で、「五」は五穀《ごこく》、「瀬」は、田んぼの浅瀬のことを意味しますから、農業指導を行って多くの人びとから尊敬された人であることがわかります。

「おほみたから」と「八紘一宇」

稲作を行う集落は周囲が水を引く田んぼですから、住宅の形式が高床式になります。これは当然のことで、田んぼの水位より床面が低い竪穴式住居では、床に水が染み出してきてしまって住めたものではありません。実際、現代の田んぼを営む農家で、竪穴式住居は日本国中探しても一軒もありません。つまり周囲に竪穴式住居に住む人々がまだいるということは、神武天皇の時代には、まだ水耕栽培ではなく狩猟採取型の人々が国内に多く住んでいたことを意味します。そういう環境下にあって神武天皇は、大和盆地に「山林をひらき、宮殿や室を築き、宝位に就いて元々を鎮めよう」と述べられています。「宝位」というのは天皇の位のことです。「元々」というのは、もともといる人々であり、同時にもともとの神々の「おほみたから」たち、すなわち民衆のことを意味します。

そして「上は乾霊が授けてくれたこの国の徳に答え、下には皇孫の正しい心を養おう」と続きます。「乾霊《けんれい》」の「乾」は天空を意味しますので、「乾霊」とは、天の神々の御霊という意味です。その天の神々が地上のすべてを授けてくださった。私たちの生命もまた天の神々が授けてくださった。その御徳に応えて「下々に正しい心を養おう」と述べられています。

ではその「正しい心」とは何かというと「八紘を掩《おほ》いて一宇となす」ということです。

「八紘」は、四方八方です。

「宇」は、屋根のことです。

つまり都を中心に、四方八方のすべてが、ひとつ屋根の下に暮らす家族となろうと仰せになられています。

その前にある「六合を兼ねて都を開き」の「六合」というのは「東西南北＋天と地」の六つを合わせるという意味です。ですから単に地上社会の世間をひとつ屋根の下におおうのではなく、神々のお住みになられる天上界を含めて、天地のすべてをおおう。その「おおう」に「掩」という字が使われています。この字には「手でおおう」という意味があります。単に世間をひとつ屋根の下に暮らす家族同様にみなすということではなくて、「掩」という字が加わることによって、そのために様々に手を下して、民を正しい道に教導していこうではないかというひびきが、含まれるのです。

そして「畝傍山の東南に観《み》る橿原の地は国の真ん中にあたるや。ここで治めるべし」と述べられて、橿原宮に、最初の都を置かれたわけです。

ちなみに神武天皇という諡号《おくりな》は、実は、神武天皇の生きられた時代よりもずっと後の、奈良時代になってから、付けられた漢風諡号です。

「かみ」と稲作

もともとの名は、『古事記』では神倭《かむやまと》伊波礼《いはれ》毘古《ひこ》命《のみこと》です。『古事記』には注釈があって「伊波礼毘古」は「以音」、つまりただの当て字であって、これは大和言葉の「いわれた毘古」である、という意味です。「毘古」は「彦」と同じで、男性を意味しますから、要するにこの諡号は「倭《やまと》の神といわれた男」という意味とわかります。つまり生きながら「神」と讃えられた人であったわけです。

その「神」という用語についても注釈が必要です。「神」の音読みは「シン、ジン」です。China 漢字では、この字は生贄《いけにえ》を捧げる台に雷が落ちる象形で、そこから天の神を意味する字となりました。ところが日本語の読み（訓読み）は、「かみ」です。「かみ」というのは、古い大和言葉では、ご先祖をずっと「かみ」の方にさかのぼっていったときに、◯◯家のご先祖だけでなく、およそ六〜七百年経過すると、日本中すべての家系のご先祖がかぶって、誰もが親戚となり、ご祖先が、いまを生きる人々にとって、共通のご祖先となってしまいます。その共通のご先祖のことを、祖先をずっと上《かみ》にさかのぼった先にある人々の共通のご先祖という意味で「かみ」と呼んだのです。

ですから、田舎の方の郷では、その村に住むすべての人は、同じ血筋だったりしますから、村人たちの共通のご祖先が鎮守《ちんじゅ》の神様として祀《まつ》られました。そうした村々が集まると、惣《そう》となります。これがいまでいう地域のことで、その地域一帯の総鎮守の神様が、国の宮に祀られます。たとえば武蔵の国の一宮《いちのみや》という具合です。そして全国の共通のご先祖となられる神様がおいでになるところが、神《かみ》の宮《みや》ということで神宮と呼ばれました。

そして初代天皇である神武天皇の父は鵜草葺不合命《うかやふきあえずのみこと》です。その鵜草葺不合命は、海彦山彦の物語で有名な山佐知毘古《やまさちひこ》でお馴染みの火遠理命《ほをりのみこと》の子です。その火遠理命は天孫降臨された迩々芸命《ににきのみこと》の子です。その迩々芸命は天忍穂耳命《あめのおしほみみのみこと》の子です。その天忍穂耳命は天照大《あまてらすおほ》御神《みかみ》の子です。そして天照大御神はイサナキ、イサナミで有名な伊耶那岐大御神の子です。以上のことを簡単に図示すると以下のようになります。

伊耶那岐大御神《いさなきおほみかみ》
←
天照大御神《あまてらすおほみかみ》
←
天忍穂耳命《あめのおしほみみのみこと》
←
迩々芸命《ににきのみこと》
←
火遠理命《ほをりのみこと》
←
鵜草葺不合命《うかやふきあえずのみこと》
←
神武天皇

つまり神武天皇の高祖父の母が天照大御神、裏返しに言うと神武天皇は天照大御神から五代目の来孫《らいそん》となるわけです。そういう意味では、天孫降臨された迩々芸命が初代天皇でも良かったわけですし、同様にそれは火遠理命でも、鵜草葺不合命でも良かったはずです。それなのになぜ神武天皇が「初代」天皇とされてきたのかというと、まさに神武天皇が天照大御神から迩々芸命が授けられた天壌無窮《てんじょうむきゅう》の神勅《しんちょく》に基いて、「稲作を中心とした我が国を開いた」御方だからです。

このことは我が国が、有史以来、ずっと稲作を中心とした農業国として営まれてきたことを示します。なぜ農業国なのかといえば、臣民の誰もが豊かに安心して安全に暮らせるようにすることを、建国の詔に従って国是《こくぜ》としてきたからであり、その詔は、最高神であられる天照大御神の天壌無窮の神勅に基づきます。

こうして我が国は農業立国となり、農業を営む人たちが黎元《おほみたから》とされました。黎元の「黎」の字は、「禾」が実った稲の象形、「刀」みたいなところが鍬《くわ》や鋤《すき》、「八」みたいなところが、その鍬や鋤の刃、その下にあるのが「水」です。つまり「黎」という字は、これ自体が稲作を意味する字です。

農業をする人々がいるから、みんなが食べることができるのです。そしてその稲作農業を推進するために、みんなで力を合わせて土地を開き、田植えをし、稲刈りをし、藁《わら》を編んで生活用品にし、決して飢えることのない国を、上下心をひとつにして築いていく。それが八紘一宇です。

もちろん農業だけしていれば国が成り立つわけではありません。作物を運ぶ人も必要ですし、鍬《くわ》や鋤《すき》といった農具を作る人、食事を作る人、食事のためのお椀《わん》やお皿を作る人、それを運ぶ人、土地を開墾する人、それらを管理する人など、様々な人の様々な営みによって、国が成り立ちます。そうしたすべての人に感謝し、その一員として自分も働く。だからいまでも日本人は、食事のときに「いただきます」と言います。一昔前なら両手を合わせて「いただきます」と言ったものです。感謝の心があるからです。

商業主義に陥《おちい》ると、富を持つ者が富を独占し、他者を顧みなくなる弊害《へいがい》が起こります。そうした弊に陥らないように、日本人は歴史の中で、常に国の根底に「黎元《おほみたから》」を置いてきたのです。

これをあきらかにしているのが我が国の建国宣言です。

日本は長い歴史の中で、たびたび政権交代はありましたが、常に混乱のあとには、「神武創業に還れ」が合言葉になっていました。その神武天皇は、さらにまたいわば淤能碁呂島《おのごろじま》創業、つまりイザナキ大神、イザナミ大神の豈国の精神に還ることを、我が国建国の原点とされているわけです。つまり日本は、はるか神々の時代から、ずっと続く国の原点を持つ国なのです。

建国宣言を教えるということは、その国の原点を教えること、もっというなら日本人の原点となるアイデンティティを教えることを意味します。それをどうして義務教育で教えようとしないのか。

逆にいえば、我が国が国民の幼年教育の過程において、建国宣言を明瞭明確に教えることができるようになったときこそ、日本が日本を取り戻したとき、つまり本当の意味での独立国となったときといえるのではないかと思います。

確《かた》く神州《しんしゅう》の不滅を信じること。
任《にん》重くして道《みち》遠きを念《おも》って、
総力を将来の建設に傾けること。
世界の進運《しんうん》に後《おく》れないこと。

これは昭和天皇の終戦の詔で出てくるご遺命です。

誤解のないように申し上げておきますが、農本主義に還れと申し上げているのではありません。食を大切にし、誰もが「おほみたから」として大切にされ、誰もが豊かに安心して安全に暮らすことができ、ひとりひとりの国民が愛と喜びと美しさを求めて素直に生きることができる国、そういう日本を取り戻していきたいと思うのです。

なぜなら私たちの国のはじまりは、よろこびあふれる楽しい国（豈国）を求めて築かれているのですから。

おわりに

小名木善行（おなぎぜんこう／HNねず）

昭和31年1月東京目黒区生まれ。静岡県浜松市出身。 現在千葉県在住。上場信販会社経営企画、管理部長、現場支店長として常に全国トップの成績を残す。現在は執筆活動を中心に、私塾である「倭塾」、「百人一首塾」を運営、またインターネット上でブログ「ねずさんのひとりごと」を毎日配信。他に「ねずさんのメールマガジン」を発行している。動画では、CGSで「ねずさんのふたりごと」や「Hirameki.TV」に出演して「奇跡の将軍樋口季一郎」、「古事記から読み解く経営の真髄」などを発表し、またDVDでは「ねずさんの目からウロコの日本の歴史」、「正しい歴史に学ぶすばらしい国日本」などが発売配布されている。年に100回前後の講演活動を行い、熱田神宮や徳島県神社庁、滋賀県神社庁においても講演の実績がある。

小名木善行事務所　所長
倭塾　塾長
日本の心を伝える会代表
日本史検定講座講師＆教務。

（著書）

『ねずさんと語る古事記 壱～序文、創生の神々、伊那那岐と伊那那美』

『ねずさんと語る古事記・弐～天照大御神と須佐之男命、八俣遠呂智、大国主命』

『ねずさんと語る古事記・参～葦原の中つ国の平定・天孫降臨・海佐知山佐知・神倭伊波礼毘古命』

『ねずさんの昔も今もすごいぞ日本人』

『ねずさんの 昔も今もすごいぞ日本人！和と結いの心と対等意識』

『ねずさんの 昔も今もすごいぞ日本人！日本はなぜ戦ったのか』

『ねずさんの日本の心で読み解く百人一首』日本図書館協会推薦

誰も言わない　ねずさんの世界一誇れる国　日本

平成30年5月18日　初版発行

著　者――― 小名木善行

発行人――― 蟹江幹彦

発行所――― 株式会社 青林堂

〒150-0002
東京都渋谷区渋谷3-7-6
TEL：03-5468-7769

装　幀――― 奥村靫正（TSTJ Inc.）

印刷所――― 美研プリンティング株式会社

ISBN978-4-7926-0622-0 C0030

http://www.garo.co.jp